Simone Paganini

Unzensiert

Simone Paganini

Unzensiert

Was Sie schon immer über Sex
in der Bibel wissen wollten,
aber nie zu fragen wagten

HERDER

FREIBURG · BASEL · WIEN

Für Adriano

MIX
Papier | Fördert gute Waldnutzung
FSC® C014496

www.herder.de

Umschlaggestaltung: Designbüro Gestaltungssaal
Umschlagmotiv: © Designbüro Gestaltungssaal unter Verwendung einer Zeichnung von Esther Lanfermann, Aachen

Die Übersetzungen der Bibelzitate sind vom Autor eigenhändig angefertigt.
Zeichnungen: Esther Lanfermann, Aachen

Satz: Daniel Förster, Belgern
Herstellung: GGP Media GmbH, Pößneck
Printed in Germany

ISBN Print 978-3-451-03275-2
ISBN E-Book 978-3-451-82228-5

Inhalt

Am Anfang erschuf Gott … den Sex

»Sex ist göttlich!«, sagt Papst Franziskus in einem Interview Anfang September 2020 und bringt es damit ganz unverblümt auf den Punkt: Der Papst versteht ausgehend von Genesis 1 die Sexualität einschließlich der sexuellen Lust als Gottesgeschenk. Gleich zu Beginn der Bibel wird nämlich berichtet, dass Gott die Menschheit nach seinem Ebenbild erschuf. Er schuf sie als Mann und als Frau, segnete sie und fordert sie unmittelbar danach auf: »Mehret euch!« In der Folge betrachtet er, was er erschaffen hat, und gibt seinem Werk nach sechsmal »gut« zum ersten Mal die Note »sehr gut« (Gen 1,31).

Das Zeugen von Nachkommen allein hat aber nichts mit der Vision Gottes für seine Menschen zu tun, wie sie in der Bibel beschrieben wird. Beim Menschen soll es nicht um die reine Triebbefriedigung und Fortpflanzung gehen. Vielmehr lässt einvernehmlicher Sex zwischen Menschen eine tiefe Beziehung entstehen. Als Adam die gerade erschaffene Eva zum ersten Mal sieht, kann er nicht anders, als ihr ein Loblied zu singen: »Diese endlich ist Knochen von meinem Knochen und Fleisch von meinem Fleisch.« (Gen 2,23) Sein liebendes Erkennen ist Voraussetzung dafür, dass Mann und Frau miteinander Geschlechtsverkehr haben und nach biblischem Sprachgebrauch »zu einem einzigen Fleisch« (Gen 2,24) werden.

Als Isaak Rebekka, die Frau, die sein Vater Abraham für ihn ausgesucht hat, kennenlernt, sind zunächst noch keine Liebesgefühle im Spiel. Erst nachdem er mit ihr geschlafen hat, »gewinnt er sie lieb«, heißt es (Gen 24,67). Auch in dieser Episode zeigt sich die tiefere Bedeutung der sexuellen Beziehung innerhalb der biblischen Welt. Das hebräische Verb *yada'* und das griechische *gignosko*, die im Alten und Neuen Testament oft für den Geschlechtsverkehr verwendet werden, bedeuten »kennen, kennenlernen, wahrnehmen, spüren« und sogar »sich um jemanden kümmern«. Durch diese Art des Kennenlernens werden zwei Menschen auf eine besondere Art und Weise miteinander vertraut. Sex beschreibt in der Bibel also mehr als eine lustvolle Aktivität. Er bildet im Idealfall die Basis für eine körperliche und seelische Verbindung zwischen Liebenden. Die gleiche Verbwurzel wird allerdings auch ganz unverblümt für »miteinander Sex haben« gebraucht, sei er freiwillig oder nicht.

Das zeigt u. a., dass die Vorstellungen von Sex in der Bibel deutlich weiter gehen, als es der Papst in seinem Zitat ausdrückt. Sex ist in der Bibel kein Randthema. Das biblische Menschenbild ist stark von der Geschlechtlichkeit geprägt. Sich als Mann oder Frau wahrzunehmen – weitere geschlechtliche Differenzierungen sind der altorientalischen Welt der Bibel noch nicht bekannt –, gehört wesentlich zum Menschsein dazu. Darüber hinaus ist auch der ganz konkrete Sex in seinen vielfältigen Facetten, von der romantischen Liebe bis zur sexualisierten Gewalt, beinahe allgegenwärtig. Das gilt für die Erzählungen des Pentateuchs, der ersten fünf Bücher der Bibel, ebenso wie für die historischen und prophetischen Bücher und auch für die Weisheitstexte. Das ist auch weiter nicht verwunderlich, denn die Bibel handelt von den Menschen und erzählt ihre Geschichten. Sie versucht, mit moralischen Vorschriften und Gesetzen ihr Zusammenleben zu regeln, und besingt die unterschiedlichen Aspekte dieses Lebens mit Hymnen und Klagen. Sie enthält weisheitliche Regelungen, mit deren Hilfe der Alltag bewältigt werden kann, und berichtet in bildhafter Sprache über zwischenmenschliche Beziehungen und über die Beziehung zwischen Gott und seinem auserwählten, über alles geliebten Volk. Bei all dem spielt der Sex eine entscheidende Rolle.

So vielfältig wie das Zusammenleben der Menschen sind auch die Facetten des Sexuallebens: von romantischen Begegnungen und nächtlichen Verführungsritualen, Keuschheit und Erotik, verschmähter Liebe und leidenschaftlichem Sex bis hin zu Vielehe und Prostitution, sexualisiertem Machtmissbrauch und Vergewaltigung. Sex ist immer, sofern er nicht einvernehmlich ist, auch Ausdruck von Macht und Gewalt und deshalb sind so manche Geschichten, die wir in der Bibel finden, zwar durchaus realistisch und lebensnah, manchmal aber auch zutiefst verstörend.

Das Paradebeispiel für offensichtliche Romantik ist das Hohelied. In diesem Buch ist ihm zwar kein eigenständiges Kapitel gewidmet, da dieser Text häufig besprochen und interpretiert worden ist, aber ein paar Anmerkungen dazu sollen an dieser Stelle dennoch angeführt werden. Die Sprache des Hohelieds ist zwar bildhaft, sie ist dennoch mehr als eindeutig. Die Frau spricht von ihrem Liebhaber im Bild des Apfelbaums: »In seinem Schatten zu kuscheln gelüstet es mich zutiefst und seine Frucht ist in meinem Gaumen süß. Er hat mich in das Haus des Weines geführt und hat sein Feldzeichen in mir gepflanzt, die Liebe! … Seine Linke liegt unter meinem Kopf, und seine Rechte hält mich in einer tiefen Umarmung.« (Hld 2,3–6) Und der Mann bezeichnet seine Geliebte als »verschlossener Garten« (Hld 4,12). In diesen Garten will er eindringen und seine Früchte genießen: »Ich komme in meinen Garten … Ich pflücke meine Myrrhe zusammen mit meinem Balsam. Ich esse meine Wabe samt meinem Honig. Ich trinke meinen Wein samt meiner Milch.« (Hld 5,1) Es geht ganz offensichtlich um ein erotisches Vorspiel, um unterschiedliche Sexpositionen, um erogene Zonen der Frau, die stimuliert werden, und – wenn man das Bild des Mannes als Apfelbaum richtig deutet – auch um Oralverkehr.

Um diesen erotischen Aspekt zu relativieren, haben sowohl die rabbinischen als auch die christlichen Auslegungen aus dem Hohelied eine Metapher gemacht. Sie deuten die Kapitel des Hohelieds als eine Metapher für die unendliche und tiefe Liebe Gottes zu seinem Volk bzw. zu seiner Kirche. Ursprünglich aber handelt es sich um eine Sammlung von Hochzeitsliedern, die – und das ist nun wenig überraschend – genau das Eine besingen, nämlich den Sex in seinen unterschiedlichen Varianten. Die Lieder sind eine Art Einstimmung der Liebenden auf die Hochzeitsnacht. Die Geliebte verzaubert ihren Mann. Ein Blick von ihr genügt, um ihn zu betören, ihn in einen Rauschzustand zu versetzen. Die Gedichte beschreiben eine ganzheitliche Sinnlichkeit: Schmecken, Riechen, Hören, Fühlen ergänzen einander und steigern die Empfindsamkeit bis zum (sexuellen) Höhepunkt. Die Liebenden genießen die Nähe des anderen und fühlen sich stark zueinander hingezogen. Sie sehnen sich nach einander und haben nur Augen füreinander. Die sexuelle Lust, die sie empfinden, wird klar als etwas Besonderes, als etwas Göttliches beschrieben. Gott selbst aber wird in dem gesamten Büchlein namentlich nicht genannt, was der Hauptgrund dafür war, dass das Hohelied lange nicht als rechtmäßiger Teil der Bibel anerkannt wurde. Und doch ist auch hier Gott allgegenwärtig. Aber eben nicht in der Rolle eines (platonischen) männlichen Liebhabers, der seine Freundin oder Braut, die Kirche, über alles verehrt und liebt. Geliebter und Geliebte sind im Hohelied ganz konkrete Menschen. Ihre gegenseitige Hingabe ist eine körperliche und keine geistige. Gott bleibt im Hintergrund. Es ist aber offensichtlich, dass die Lust am Sex, welche die beiden Liebenden verspüren und einander bereiten, von Gott gutgeheißen wird, ja sogar gewollt ist.

Sex ist etwas, an dem man sich grundsätzlich erfreuen soll. Das belegen auch Stellen aus anderen biblischen Büchern: »Genieße jeden Tag mit der Frau, die du liebst«, ist im Buch Kohelet zu lesen (Koh 9,9). Und das Buch Deuteronomium schreibt vor, dass ein Jungverheirateter für ein Jahr vom Kriegsdienst, sogar im Kriegsnotstand, entbunden werden soll, um den Sex mit seiner Ehefrau genießen zu können (Dtn 24,5). Aber nicht nur der Mann hatte ein Recht auf Sex, sondern auch die Frau, denn keinen Sex zu bekommen war ein Scheidungsgrund, den eine Frau sogar einklagen konnte (Ex 21,10–11). Im Buch der Sprüche werden die weiblichen Genitalorgane gesegnet (Spr 5,18) und dem Mann wird empfohlen, sich an den Brüsten der Frau zu ergötzen und zu sättigen (Spr 5,19). Beim Propheten Ezechiel ist ganz unverblümt die Rede vom Penis und seiner Größe. Dieser sollte am besten so groß sein wie der eines Esels und der Samenerguss so mächtig wie der eines Hengstes, denn Frauen wollen mit derart bestückten Männern hemmungslosen Sex haben (Ez 23,20).

Vieles ist auch zwischen den Zeilen versteckt und wird nur sichtbar, wenn man sich auf die heute vergessene erotische Bildsprache der alten jüdisch-christlichen Texte einlässt. Zum Beispiel, wenn es wie oben beschrieben heißt, dass ein Mann eine Frau »erkennt« und diese in der Folge schwanger wird. Oder wenn man den Geschlechtsverkehr mit Wendungen beschreibt wie diesen: Die Frau hat »die Füße des Mannes gewaschen«, oder der Mann hat »die Frau mit seinem Mantel bedeckt«, woraufhin die beiden übrigens heiraten (müssen).

Darüber hinaus werden sexuelle Handlungen in den Erzählungen und Gesetzestexten des Alten Testaments auch ganz konkret geschildert: zwischen Frau und Mann vor der Ehe, mit mehreren Frauen in der Ehe, außerhalb der Ehe mit der Frau eines anderen Mannes u. v. m. Es wird (möglicherweise) masturbiert, verführt, genötigt, vergewaltigt. Es gibt inzestuöse und ehebrecherische Beziehungen. Es gibt Dreiecksbeziehungen und es gibt Sex mit Tieren und mit Kindern. Junge Menschen haben Sex, alte ebenso und ja, selbst Gott und seine Engel haben Sex, was für das altorientalische Denken gar nicht so besonders war. Selbstverständlich werden nicht alle genannten Facetten der Sexualität gutgeheißen, verschwiegen wird aber nichts.

Was die Evangelien betrifft, so ist hier zwar nirgends die Rede davon, dass Jesus Sex hatte. Deswegen findet sich in diesem Buch auch kein Kapitel zum Sexualleben Jesu. Jenseits von Mutmaßungen, die in Filmen und Romanen große Beliebtheit genießen, soll jedoch angemerkt werden, dass die Evangelien sehr wohl von intimen Beziehungen Jesu zu Frauen und Männern berichten, die für die damalige Leserschaft deutlich als sexuelle Begegnungen wahrnehmbar waren. Jesus spricht zum Beispiel allein mit Frauen, selbst wenn diese kein geordnetes Sexualleben haben und entweder Single oder Prostituierte sind. Er lässt sich von ihnen berühren und einmal sogar küssen (Lk 7,38). Insgesamt spielt Sexualität im Neuen Testament aber eine untergeordnete Rolle. Wenn sie zur Sprache kommt, geht es meist darum, Verfehlungen innerhalb einer Gemeinde zu thematisieren und zu maßregeln. Die apokryphen Schriften dagegen berichten ganz ungeniert von einem Kuss zwischen Jesus und Maria Magdalena und in der Legendenbildung ist später auch von ihrer Ehe und Kindern die Rede. Historische Fakten dazu sind aber schwer auszumachen.

Trotz all der Vielfalt der Erzählungen und Andeutungen über Sex sucht man in der Bibel vergebens eine einheitliche Sexualmoral. Natürlich werden in der Bibel eine ganze Reihe von Verboten formuliert, die Sexualpraktiken zum Thema haben, welche heute auch nicht erlaubt sind, wie beispielsweise Geschlechtsverkehr mit der eigenen Schwester. Gleichzeitig findet man aber auch Vorschriften, die in einer westlich geprägten christlichen Gesellschaft keine Rolle mehr spielen wie etwa Sex mit der Nebenfrau des eigenen Vaters. Und zugleich fehlen Verbote für Sexualpraktiken, die heute eine Rolle spielen und – zumindest teilweise – von der Kirche als problematisch angesehen werden, wie beispielsweise lesbische Liebe oder Prostitution. Schließlich beinhaltet der biblische Kanon auch Gesetzestexte und Erzählungen, die sexuelle Handlungen erlauben oder sogar gutheißen, die innerhalb der christliche Sexualmoral als sündhaft gelten und daher streng verboten sind: Ehe mit direkten Verwandten, Ehe mit mehreren Frauen, Sex vor der Ehe usw.

Die biblischen Sexual-Gesetze orientieren sich am Prinzip der kultischen Reinheit, was später in die christliche Lehre münden sollte, in der zwischen einer natürlichen und einer unnatürlichen Sexualität unterschieden wird. Die von Thomas von Aquin im 13. Jh. zusammenfassend dargestellte, nach diesem Muster entwickelte Sexualdoktrin hat daher ihre Begründung im Alten Testament. Thomas zufolge ist Sex nur dann natürlich, wenn er zum richtigen Zweck (der Fortpflanzung), mit der richtigen Person (dem Ehepartner) und auf die richtige Weise (Geschlechtsverkehr zwischen Mann und Frau) durchgeführt wird. Doch im Allgemeinen geht unsere heutige christliche Sexualmoral nur sehr selten unmittelbar auf biblische Vorschriften zurück. Noch viel weniger ist sie direkt von Gott gegeben. Die Ausprägung der Sexualmoral ist vielmehr eng mit der Wirkungsgeschichte der biblischen Texte verknüpft und spiegelt die Ansichten konkreter und einflussreicher Menschen, wie Tertullian, Augustinus oder Thomas von Aquin, welche die Texte im Laufe der Geschichte gelesen und in ihrer Zeit interpretiert haben.

Das vorliegende Buch versteht sich weder als Kritik an der christlichen Sexualmoral noch als eine psychologische Abhandlung über den Menschen in seiner Triebhaftigkeit. Es ist vielmehr ein Versuch, sich dem gerne verschwiegenen Thema »Sex in der Bibel« zu nähern, ohne emotionalisieren oder moralisieren zu wollen, sondern vielmehr mit dem Wunsch, möglichst unvoreingenommen die verschiedenen Facetten zu beleuchten.

Wie bereits skizzenhaft aufgezeigt, erzählen die biblischen Autoren nicht nur schöne romantische und hier und da auch erotische Geschichten, sie zeigen vor allem auch die Abgründe der menschlichen Seele auf. Das hat wohl auch damit zu tun, dass sich das »Normale« nicht so spannend erzählen lässt wie das Außergewöhnliche. So verschweigt die Bibel selten etwas und stellt vieles infrage. Zwar findet man dabei keine immerwährenden oder allgemeingültigen Antworten für die heutige Zeit, sehr wohl lassen sich aber neue Aspekte entdecken, die auch altbekannte Geschichten in einem neuen Licht erscheinen lassen. Es lohnt sich also auch in dieser Hinsicht, die Bibel neu zu lesen!

WELLNESSROMANTIK
MIT SCHLANGE …

1. Eine Dreiecksbeziehung am Anfang der Menschheitsgeschichte

Die Schöpfungsgeschichte in zwei unterschiedlichen Weisen zu erzählen, war für die Autoren der Bibel kein Problem. Die jüdischen Gelehrten des 1. Jh. n. Chr. aber gaben sich mit dem Nebeneinander der beiden Versionen nicht zufrieden und so entstand die Geschichte von Adam, Lilith und Eva. Es ist die Geschichte einer Dreiecksbeziehung voll von Neid, Eifersucht und natürlich auch Sex. Heute ist sie allerdings nur noch Insidern bekannt.

In der sexuell stark aufgeladenen Walpurgisnachtszene von Goethes Faust tritt eine ungewöhnlich schöne Frau in Erscheinung. Faust ist von ihr angetan und fragt Mephistopheles nach ihrem Namen. »Lilith ist das«, antwortet der Teufel wie selbstverständlich. Doch Faust kann mit dem Namen nicht viel anfangen und so ergänzt Mephistopheles seine Antwort um eine Bemerkung, die jede und jeden, die bzw. der sich ein wenig in der Bibel auskennt, stutzig machen muss: »Adams erste Frau,/ nimm dich in Acht vor ihren schönen Haaren,/ vor diesem Schmuck, mit dem sie einzig prangt./ Wenn sie damit den jungen Mann erlangt,/ so lässt sie ihn so bald nicht wieder fahren.« In der Tat findet man gleich im zweiten Kapitel der Genesis den Namen der ersten Frau Adams. Sie heißt aber nicht Lilith, sondern Eva, und sie ist nicht bloß die erste, sondern die einzige Frau Adams. Nur mit ihr geht Adam eine sexuelle Beziehung ein, was durch das hebräische Verb »erkennen« zum Ausdruck gebracht wird. Sie ist auch die Mutter seiner Kinder.

Nachdem Gott am sechsten Tag die Menschen ins Leben gerufen hat, ist er zunächst sehr zufrieden. Mann und Frau müssen nun allerdings selbst dafür sorgen, dass die Menschheit bestehen bleibt: »Seid fruchtbar und mehret euch und füllet die Erde!« (Gen 1,28). Bereits in diesen ersten göttlichen Imperativen geht es also um Sex. Für die Rabbiner, die sich um die Zeitenwende aufmerksam mit der Bibel auseinandergesetzt haben, blieb jedoch unklar, zwischen welchen Partnern dieser Sex stattfinden soll. Denn das im ersten Kapitel des Genesisbuches erschaffene Menschenpaar bleibt anonym. Erst im zweiten Kapitel erhalten Mann und Frau die Eigennamen Adam und Eva.

Diese Spannung hängt damit zusammen, dass sich am Beginn der Bibel nicht eine, sondern zwei Schöpfungserzählungen finden. Sie stammen aus unterschiedlichen Zeiten, lassen sich auf verschiedene Autorenkreise zurückführen und verfolgen unterschiedliche Ziele. Diese Unterschiede sind in der Bibelwissenschaft bis heute Gegenstand der Forschung. In der Zeit, als die Erzählungen im Kanon der Bibel nebeneinandergestellt wurden – das dürfte irgendwann im 5. Jh. v. Chr. passiert sein –, wurden die Abweichungen dagegen als unproblematisch wahrgenommen. Doch schon in der römisch-griechischen Zeit bemühte man sich, die inhaltlichen und logischen Probleme in der Abfolge der beiden Schöpfungserzählungen zu erklären. Da sich Gott natürlich nicht selbst widersprechen durfte, unternahmen die Gelehrten verschiedene Versuche, die Spannungen aufzulösen. Mal wurde eine der beiden Erzählungen priorisiert, mal wurden die Texte miteinander vereinheitlicht oder harmonisiert und mal überlegte man sogar, ob die Menschheit nicht vielleicht zweimal geschaffen worden sein könnte.

Die Vorstellung von einer doppelten Schöpfung leitete schließlich eine sehr interessante Entwicklung ein. Wenn man nämlich die Texte genau liest, lässt sich folgendes beobachten: Während der Name des Mannes in beiden Erzählungen Adam lautet (bzw. zu lauten scheint) und die in der zweiten Erzählung aus seiner Rippe geformte Frau Eva heißt, wird der Name der Frau aus dem ersten Schöpfungsbericht nicht genannt. Dieses vermeintlich bedeutungslose Manko hatte weitreichende Folgen. Es war die Geburtsstunde der ersten Dreiecksgeschichte der Menschheit: Adam, so schlussfolgerten die damaligen Gelehrten, musste vor Eva eine andere Frau gehabt haben. Die Vorstellung einer »ersten Eva« wird erstmals in einer jüdischen exegetischen Schrift, einem sogenannten Midrasch, aus dem 4. Jh. n. Chr. festgehalten, die als *Genesis Rabbah* bekannt ist. Mit der Bezeichnung »erste Eva« wollte man sich aber nicht zufriedengeben und so machte man sich auf die Suche nach dem Namen dieser Frau. Der musste sich klar von »Eva«, was auf Hebräisch »Mutter aller Lebendigen«, »Lebenspendende« oder einfach »Leben« bedeutet, unterscheiden. Der Name ihrer Gegenspielerin sollte also genau das Gegenteil zum Ausdruck bringen. Ein solcher Umgang mit dem biblischen Originaltext ist aus Sicht der modernen Bibelwissenschaft natürlich äußerst bedenklich, für die Rabbiner des 1. Jh. n. Chr. schien die kreative Namenssuche dagegen offensichtlich unproblematisch zu sein. Und tatsächlich »fanden« sie nach einigem Bemühen den Namen der Frau in einem anderen biblischen Text, genauer gesagt in einer Passage aus dem Buch des Propheten Jesaja (Jes 34,14). Dort wird eine postapokalyptische Vorstellung des Landes Edom entworfen, nachdem es von Gott zerstört worden ist. In ihm treiben etliche dunkle und unreine Kreaturen, insbesondere Schakale, Strauße, Hyänen, Bockgeister, Schlangen und Wüstenhunde ihr Unwesen; unter ihnen ist auch eine gewisse Lilith. Sie wird als eine Art Nachtdämonin der Wüste vorgestellt. Sie ist also das perfekte Gegenstück zur lebenspendenden, der Sonne nahestehenden Eva.

Dass Lilith bei Jesaja mit Wüstentieren und anderen nichtmenschlichen Wesen in Verbindung gebracht wird, ist allerdings keine Erfindung der Bibel. Die Vorstellung von einer bösen weiblichen Dämonin, die als selbstbewusste, zügellose Verführerin auftritt, existiert in vielen altorientalischen Kulturen. Der biblische Text bedient sich dieser Vorstellungen: So kannten sowohl die Sumerer, als auch die Assyrer und die Babylonier die Dämonin Lamaštu. Um ihren Schadenszauber abzuwehren, griff man auf Amulett-Täfelchen und Abwehrsprüche zurück, die auch archäologisch belegt sind. Lamaštu ist die Verführerin der Männer. Sie verbreitet Krankheiten und trinkt das Blut von Neugeborenen.

Auch von einer gewissen Lilitu ist häufig die Rede, wobei die Namensverwandtschaft zu Lilith sicherlich kein Zufall ist. Das berühmte Burney-Relief aus dem 18. Jh. v. Chr., das heute im British Museum in London zu sehen ist, zeigt Lilitu mit einer vierfachen Hörnerkrone, die sie deutlich als ein der göttlichen Sphäre zugehöriges Wesen identifiziert. Statt Füßen hat sie Krallen wie ein Raubvogel und die herabhängenden Flügel sind ein typisches Symbol für eine Unterweltgottheit. Als Herrschaftssymbol trägt Lilitu in ihren Händen einen Ring und einen Stab. Sie wird von zwei Eulen flankiert und steht auf zwei liegenden Löwen, die den Eingang zum Totenreich bewachen. Lilitu ist insbesondere deshalb gefürchtet, weil sie als Gefahr für Kinder gilt, aber auch als Verführerin der Männer. In diesem Kontext versinnbildlicht sie eine offensive, ungezügelte weibliche Sexualität, die in einer von starren patriarchalischen Strukturen geprägten Gesellschaft als Bedrohung erlebt werden musste. Auch ihre Rolle als Beschützerin der Prostituierten ist vor diesem Hintergrund zu interpretieren.

Doch zurück zu den jüdischen Gelehrten des 1. Jh. n. Chr. und ihrer Bibelinterpretation: Nachdem sie den Namen von Adams erster Frau einmal gefunden hatten, wollten sie natürlich weitere Einzelheiten über Lilith und ihre Beziehung zu Adam herausfinden. Doch in der Bibel fanden sie dazu nichts. Anstatt es dabei zu belassen, begannen sie eine fantastische Geschichte rund um die geheimnisvolle Unbekannte zu erfinden. Es sollte allerdings noch einige Jahrhunderte dauern, bis diese Geschichte zu Ende gesponnen wurde. Alle jüdischen Traditionen rund um die schillernde Gestalt der Lilith stammen nämlich aus dem gar nicht so prüden Mittelalter.

So handelt die mittelalterliche Schrift *Alphabet des Ben Sira* nicht nur von der Herkunft dieser Frau, sondern gibt auch prickelnde Details über ihr Sexualleben preis. Den Ausführungen dieses anonymen Werkes zufolge, das im Übrigen auch Sprüche über Masturbation, Inzest und nicht zuletzt über das Furzen beinhaltet, wird Lilith ebenso wie Adam aus Erde geformt und nicht wie Eva aus einer männlichen Rippe. Auf diesen gemeinsamen Ursprung beruft sich Lilith, wenn sie gegenüber Adam auf ihre Gleichberechtigung pocht. Die Stellung der Frau ist Streitthema Nummer eins zwischen den beiden, jedoch nicht in den Strukturen einer patriarchalischen Gesellschaft, sondern ganz konkret: Lilith fordert nämlich unvermittelt ein, beim Geschlechtsverkehr nicht unter Adam liegen zu müssen, sondern selbst eine aktive Position einnehmen zu dürfen, womit Adam – aus welchen Gründen auch immer – ganz und gar nicht einverstanden ist.

Warum Lilith ihre eigenen Vorstellungen von gelungenem Sex hatte, wird in manchen Varianten des Mythos darauf zurückgeführt, dass der Lehm, aus dem sie erschaffen wurde, mit dem Speichel eines verstoßenen Teufels namens Samael verunreinigt war. Eine Frau mit dem Teufel in Verbindung zu bringen, wenn es darum geht, Sex als Sünde dazustellen, ist in den religiösen Texten von Judentum und Christentum ein beliebtes Motiv, das selbstverständlich die Vorrangstellung des Mannes behaupten sollte. Lilith jedenfalls verlässt nach diesem Streit nicht nur Adam, sondern auch den Garten Eden und streift fortan rastlos durch die Wüste. Dort begegnet sie einer ganzen Reihe männlicher Wesen, die keine Probleme mit Liliths sexuellen Fantasien haben. Aus einem Gefühl von Schmerz und Rache verkehrt sie jeden Tag mit Hunderten von ihnen und bringt täglich Hunderte Kinder zur Welt. Adam dagegen, der die eigene Sturheit inzwischen möglicherweise bereut, beklagt sich bei Gott über seine Einsamkeit. Und er hat ein Problem: Bleibt er allein, kann er das göttliche Gebot nicht erfüllen. So versetzt ihn Gott in einen tiefen Schlaf und lässt aus einer seiner Rippen eine zweite Frau entstehen, Eva.

Aber auch für Lilith gestaltet sich das Leben außerhalb des Paradieses alles andere als rosig. Sie muss damit fertig werden, dass täglich etliche ihrer Kinder in der Wüste sterben. Sie selbst bleibt unsterblich, denn im Unterschied zu Adam und Eva wird sie nie die verbotene Frucht vom Baum der Erkenntnis essen. Als sie jedoch eines Tages beobachtet, wie die beiden einander liebevoll umarmen, wird sie eifersüchtig. Von Neid gequält und getrieben von der Sehnsucht, mit Adam und seiner himmlisch schönen Eva das Lager zu teilen, sucht sie deren Nähe, wird aber nicht mehr in den Garten Eden eingelassen.

So weit die Legende, wie sie im *Alphabet des Ben Sira* erzählt wird. Diese starke und zugleich unglückliche Lilith hat – obwohl sie namentlich in den biblischen Schöpfungserzählungen nicht vorkommt und auch die Geschichten über sie keine biblische Grundlage haben – eine steile Karriere als Musterbeispiel für das weibliche Böse im Judentum gemacht. Dass sich die Rabbiner so ausführlich mit ihr beschäftigt haben, zeigt, wie populär sie damals gewesen sein muss. In den kabbalistischen Schriften des Mittelalters wird sie als schöne, laszive Frau mit langen, oftmals roten Haaren beschrieben. Als lüsterne, nackte Gestalt sucht sie die Männer in ihren Träumen auf und verleitet sie zur Masturbation. Dann fängt sie ihren Samen auf, um daraus ihre dämonischen Kinder, die Lilim, zu empfangen.

Als die Hexenverfolgung in Europa ihren Höhepunkt hatte, wurde Lilith häufig als Buhlteufelin gesehen, die sich einen Mann aussucht, um mit ihm geschlechtlich zu verkehren. Sexualität galt in dieser Zeit als problematisch, ja gefährlich, wurde aber auch als eine Art fremde Macht interpretiert. Beide Aspekte spiegeln sich in der Beschreibung der Lilith wider. Dadurch, dass Lilith unschuldigen Männern auflauert, ihnen im Traum oder in flagranti das Sperma und damit ihre Zeugungskraft aussaugt und Neugeborene tötet, zerstört sie die Frucht des ordnungsgemäß ausgeführten Geschlechtsaktes.

Damit verkörpert sie all das, was außerhalb der sexuellen Norm liegt, und strebt danach, das, was der Norm entspricht, zu vernichten. Es scheint, als ob der ersten Frau der Schöpfung der Sex, den sie mit Adam nicht haben wollte, zum Verhängnis geworden wäre.

In ihrer Rezeptionsgeschichte hat Lilith wesentlich die Vorstellungen der verschiedensten Dämoninnen, wie sie im Laufe der Jahrhunderte von der menschlichen – ja, eigentlich der männlichen – Fantasie entwickelt wurden, geprägt. Ab den 1960er-Jahren erfuhr ihre Gestalt aber eine interessante Umdeutung. Innerhalb der feministischen Bewegungen in Israel und in den jüdischen Gemeinden der USA wurde sie zu einer Ikone der Befreiung von Frauen und zu einem Sinnbild für das Aufbegehren gegen männlich dominierte Strukturen. Statt für Wollust, Ehebruch oder gar Hexerei zu stehen, wurde Lilith zu einem Symbol für den Durst nach Freiheit und den Kampf um Unabhängigkeit. In ihr wurde fortan die starke Frau gesehen, die sich nicht Gott, sondern Adam und seinem Herrschaftsanspruch über sie entzogen hat. Damit sprengt die moderne Lilith die Fesseln des Patriarchats und wird zum Vorbild für weibliche Autonomie – nicht zuletzt auch in sexueller Hinsicht. Sie verkörpert die Emanzipation genauso wie Sinnlichkeit und Leidenschaft und bildet nunmehr einen positiven Gegenpol zu der in der patriarchalischen Welt gefangen gebliebenen Eva.

UND NACH DIESEM GEMEINSAMEN ESSEN… NICHTS MEHR! KEIN ANRUF, KEINE MAIL, KEINE SMS…
MÄNNER…

2. Erzeltern zwischen Frauentausch und Teenie-Müttern

Es ist schon einige Zeit her, dass man sich in der Fachwelt darauf einigte, die sogenannte »Erzvätererzählung« in »Erzelternerzählung« umzubenennen. Man könnte auch noch einen Schritt weitergehen und von »Erzmüttererzählung« sprechen, denn die Männer hatten gegenüber ihren Ehefrauen eine meist untergeordnete oder gar passive Rolle. Wie dem auch sei, die Sexualität der Erzeltern ist innerbiblisch alles andere als ein Tabu. Langweilig wird es im Liebeslager nie.

Sarah ist die erste der drei Frauen Abrahams. Als ihre Sorge, keine Kinder gebären zu können, für sie immer mehr zur Gewissheit wird, veranlasst sie ihren Ehemann, mit der Sklavin Hagar zu schlafen und ein Kind zu zeugen (Gen 16,2). Abraham ist dem nicht abgeneigt, zumal es sich bei der Ägypterin um eine sehr schöne und exotische Frau handelt. Schon bald »liegt er in ihrem Schoß«, wie es im Text heißt. Diese hebräische Wendung ist eine der vielen biblischen Umschreibungen für den Geschlechtsverkehr. Wenngleich der Frauentausch ursprünglich ihre eigene Idee war, missfällt Sarah Abrahams Zuneigung für Hagar bald: Sie lässt die Dienerin samt dem Kind wortwörtlich in die Wüste schicken. Das kommt normalerweise einem Todesurteil gleich. Doch Gott selbst greift in das Geschehen ein und rettet die Vertriebenen (Gen 16,5–6).

Sarahs bestechende Schönheit führt im Lauf der Erzählung immer wieder dazu, dass Männer sie umwerben, sie zu sich ins Bett holen wollen und dabei bereit sind, Abraham zu beseitigen. Einige von ihnen sind beinahe erfolgreich. Abraham, der um sein eigenes Leben fürchtet, gibt daher seine Frau leichtfertig als seine Schwester aus. Das ist zwar korrekt, denn Sarah war in der Tat seine Halbschwester, doch es bringt sie immer wieder in Gefahr. Einmal wird Sarah sogar in den Harem des Pharaos gebracht, wo sie nur dank göttlicher Intervention nicht zu dessen Sexualobjekt wird (Gen 12). Einige Jahre später kommen Abraham und Sarah in die Stadt Gerar inmitten einer großen Oase, und wieder behauptet Abraham, Sarah sei seine Schwester (Gen 20). So lässt König Abimelech Sarah mit gewissen Hintergedanken zu sich rufen, schläft letztlich aber nicht mit ihr, weil abermals Gott selbst eingreift und den König in einem Traum warnt. Somit verschont Gott beide: König Abimelech hätte ansonsten unwissentlich ein Vergehen begangen, auf das die Todesstrafe stand, und Sarah blieb ein sexueller Übergriff erspart. In beiden Episoden spielt Abraham keine rühmliche Rolle und gefährdet durch sein feiges Handeln seine Frau und sogar die Herrscher des Landes.

»Wie der Vater, so der Sohn …«, könnte man meinen, denn Feigheit und Lüge prägen auch die Ehe von Isaak und Rebekka, einem bildhübschen Mädchen aus der nahen Verwandtschaft. Auch Isaak sucht wegen einer Hungersnot in Gerar Zuflucht (Gen 26). Wie sein Vater bangt er um sein Leben und gibt in der Not Rebekka als seine Schwester aus. Sein Betrug fliegt jedoch schnell auf, weil die beiden dabei ertappt werden, wie sie eindeutige Zärtlichkeiten austauschen. Doch Isaak hat Glück: Abimelech verschont ihn. Und am Ende bringt Rebekka Zwillinge zur Welt, Esau und Jakob.

Von Geburt an sind die beiden Brüder grundverschieden. Das spiegelt sich auch in ihren Ehen wider. Während Esau als erwachsener Mann – sehr zum Ärger seiner Eltern – gleich zwei Ausländerinnen ehelicht, folgt sein Bruder Jakob der Familientradition und heiratet zwei Cousinen. Doch diese Ehe ist durchaus turbulent und alles andere als harmonisch, wenngleich die Beziehung zwischen ihm und seiner Lieblingsfrau Rachel in der Kunst gerne als große Romanze dargestellt wird. Der biblische Text berichtet von Neid, Missgunst, Eifersucht und so viel Sex, dass Jakob am Ende das stolze Ergebnis von zwölf Söhnen und einer Tochter erzielt. Schauen wir uns die Geschichte dieser großen »Patchworkfamilie« einmal genauer an:

In einer fast schon lyrischen Atmosphäre lernen sich die beiden kennen. Jakob, so wird beschrieben, rastet bei einem Brunnen auf freiem Feld und unterhält sich mit den dortigen Hirten. Da kommt Rachel mit ihrer Kleinviehherde vorbei. Beeindruckt von der Schönheit dieses Mädchens will Jakob ihr imponieren. Zugegebenermaßen versucht er es auf eine sehr plumpe und rücksichtslose Weise. Er schickt die anderen Hirten fort und rollt für Rachel den Stein von der Öffnung des Brunnens weg. Dann, quasi aus dem Nichts, küsst er das junge Mädchen (Gen 29,13). Auch für die damaligen altorientalischen Gepflogenheiten ist das ein äußerst rüpelhaftes Verhalten. Und von Liebe auf den ersten Blick kann – zumindest bei Rachel – nicht die Rede sein. Sie ist von Jakobs Verhalten ganz und gar nicht angetan, lässt ihn stehen und läuft, ohne ein Wort zu sagen, nach Hause.

Die Szene am Brunnen sticht in der Bibel heraus, denn sie ist die einzige, in der von einem Kuss zwischen einem namentlich genannten Mann und einer Frau so konkret erzählt wird. Ansonsten küsst sich nur noch das namenlose Liebespaar im Hohelied (Hld 1,2), bevor im Neuen Testament eine namenlose weinende Frau Jesu Füße küssen wird (Lk 7,38). Der letzte Kuss der Bibel stammt schließlich von Judas, der den Soldaten damit zeigt, wer sein Meister ist, und damit ganz sicher keine romantischen Absichten verfolgt (Mt 26,48) [→ Kap. 13].

Jedenfalls gibt sich Jakob nicht so leicht geschlagen. Denn er begehrt Rachel sehr und erhofft sich von der Heirat einen gesellschaftlichen Aufstieg. Laban, sein Onkel und der Vater des Mädchens, will seine Tochter auch tatsächlich verheiraten. Ein Ehemann aus der eigenen Verwandtschaft kommt ihm da ganz gelegen. Damit wäre ihr Handel eigentlich perfekt, hätte Rachel nicht eine ältere Schwester, Lea, die noch vor der Jüngeren vermählt werden muss. Lea aber (der Name bedeutet übersetzt übrigens »gezähmte Kuh«) ist hässlich und schielt.

Laban hält seine Überlegungen zunächst vor Jakob geheim und vereinbart mit ihm, dass er ihm als Brautgeschenk sieben Jahre lang dienen soll, bevor er Rachel heiraten kann. Jakob willigt ein. Diese sieben Jahre sind möglicherweise auch der Beleg dafür, dass Rachel noch lange nicht im heiratsfähigen Alter war, als Jakob ihr am Brunnen zum ersten Mal begegnete, denn in dieser Zeit pflegten die Väter ihre Töchter, schon bald nachdem sie geschlechtsreif wurden, zu verheiraten. Im Text ist nun jedenfalls zum ersten Mal von der Liebe Jakobs zu Rachel die Rede. Dort heißt es, er habe Rachel so liebgewonnen, dass ihm die sieben Jahren wie wenige Tage vorkamen (Gen 29,20). Unmittelbar nach dieser wunderschönen Liebeserklärung dominieren allerdings wieder deutlich harschere Töne die Erzählung, denn nach Ablauf der sieben Jahre fordert Jakob Laban ganz ungeniert auf: »Gib mir meine Frau, damit ich mit ihr schlafen kann!« (Gen 29,11)

Laban handelt: Er bereitet für Jakob und seine Tochter ein Hochzeitsfest vor, bringt dem Schwiegersohn in der Nacht aber nicht Rachel, sondern ihre ältere Schwester Lea. Trotz der sieben Jahre Verlobungszeit erkennt Jakob nicht, dass statt seiner geliebten Braut deren Schwester in seinen Armen liegt. War er von der Feier etwa so betrunken, dass er – ohne auf die Frau zu achten – die Ehe im Vollrausch vollzog, oder war seine Begierde so groß, dass es ihm schlussendlich egal war, mit welcher Frau er schlief?

Wir wissen es nicht. Als er aber am nächsten Morgen neben Lea aufwacht, wird er zornig und stellt Laban zur Rede. Dieser bietet ihm einen neuen Deal an: Wenn Jakob weitere sieben Jahre für ihn arbeitet, wird er auch Rachel bekommen. Jakob willigt ein.

Unter der Verfügungsgewalt ihres Vaters also müssen sich beide Schwestern den Machenschaften der Männer beugen. Sie handeln mit ihnen, als wären sie Vieh. Von Romantik keine Spur. Indem Laban seinen Töchtern je eine Sklavin in den neuen Hausstand mitgibt, wird die ohnehin schon komplizierte Dreierbeziehung nicht gerade einfacher. Jakob macht aus seiner Bevorzugung der jüngeren Schwester keinen Hehl, wahrscheinlich erhofft er sich von Rachel (ihr Name bedeutet »Mutterschaft«) zahlreiche Nachkommen. Aber anders als erwartet, scheint sie unfruchtbar zu sein. Lea hingegen gebiert nacheinander gleich vier Söhne (Gen 29,32–35). Nun wird Rachel eifersüchtig und die Erzählung läuft auf einen tragischen Höhepunkt zu. In ihrer Verzweiflung wendet sich Rachel an Jakob und fordert ihn auf: »Verschaff mir doch Söhne! Und wenn nicht, sterbe ich.« Das macht Jakob zornig und er entgegnet ihr: »Bin ich etwa an der Stelle Gottes, der dir die Frucht des Leibes versagt?« (Gen 30,1–2)

Ob es Zufall ist, dass der erste Zornausbruch eines Menschen innerhalb der Bibel ausgerechnet in einer komplizierten Ehe stattfindet? Wie dem auch sei. Jakob versucht gar nicht erst, den Gebärstreit zwischen seinen Frauen zu beschwichtigen, sondern trägt noch zu seiner Steigerung bei. Er beugt sich nämlich Rachels Forderung, mit ihrer Magd Bilha zu schlafen, und zeugt ihr Söhne »aus deren Schoß« (Gen 30,3). Statt dass nun eine Phase der Entspannung einsetzen würde, wird die Sache für

Jakob noch komplizierter. Jetzt will auch Lea, dass er mit ihrer Magd Silpa verkehrt. Und wieder macht er sich zum Spielball der konkurrierenden Ehefrauen. Von nun an purzeln die Kinder nur so und Jakob tritt nur noch als reines Objekt der sexuellen Begierden seiner beiden Frauen in Erscheinung.

Auch das einzige Gespräch zwischen Rachel und Lea, von dem die Bibel berichtet, macht das deutlich: Ruben, Leas Erstgeborener, hat für seine Mutter Liebesäpfel gesammelt. Es handelt sich hierbei um die Früchte der Alraune, denen schon im Alten Orient eine aphrodisierende Wirkung zugeschrieben wurde. Rachel will auch ein paar dieser Früchte abhaben, und so kommt zwischen den Schwestern ein Tauschhandel zustande: Sex gegen Früchte. Wörtlich heißt es: »Ist es dir nicht genug, mir meinen Mann wegzunehmen?«, fragt Lea empört. »Nun willst du mir auch noch die Alraunen meines Sohnes nehmen?« Daraufhin antwortet Rachel ziemlich locker: »Gut, dann soll Jakob für die Alraunen deines Sohnes heute Nacht mit dir schlafen.« (Gen 30,15)

Rachel also tauscht eine Nacht mit dem Gatten gegen die Alraunen, worin Lea wiederum ihre Chance wittert, den Ehemann für den ersehnten Geschlechtsverkehr zu gewinnen. Jakob akzeptiert wortlos, was seine Frauen über ihn verfügen. Aus dem Tauschgeschäft wird offensichtlich mehr, denn Lea bringt in der Folge zwei weitere Söhne und eine Tochter zur Welt. Dennoch bleibt sie von Jakob ungeliebt und auch wenn ihre Verzweiflung offensichtlich ist, zeigt er kein Mitleid mit der Frau, die ihm ihr Vater einst durch List aufgezwungen hat. Ihre Beziehung ist rein sexueller Natur. Jakobs Nähe und Wärme bleiben Lea verwehrt.

Ob aber die Beziehung zwischen Rachel und Jakob eine solche Romanze war, wie sie in der Kunst gern dargestellt wird, lässt sich aus dem biblischen Text auch nicht entnehmen. Dies bleibt der Interpretation von uns Lesern überlassen. Das Liebesleben der Erzeltern jedoch war durchaus turbulent und die biblischen Autoren hatten, anders als wir ihnen gerne unterstellen, keinerlei Berührungsängste in Sachen Sex. Frei von einer sehr viel später einsetzenden Moralisierung nennen sie die Dinge beim Namen und berichten vom Leben ihrer Protagonisten in seiner ganzen Bandbreite. Das mag auf uns befremdlich oder sogar anstößig wirken; langweilig ist es sicher nicht, dafür aber ungemein authentisch.

3. Im Bett mit Mutter, Schwester und anderen Verwandten

Tu felix Austria nube! – »Du, glückliches Österreich, heirate!«, lautet ein viel zitierter Satz, wenn es um die erfolgreiche Heiratspolitik der Habsburger geht. Dabei wurden die jungen Erzherzöge und Erzherzoginnen bereits im Kindesalter vermählt, häufig auch mit Angehörigen der eigenen Familie. Das hat eine lange Tradition, die bis in das Reich der Pharaonen im Alten Ägypten und ins Perserreich zurückgeht. Und selbst in der Gegenwart – so bspw. in der fiktiven Welt von *Game of Thrones* – sind Erotik und Heirat zwischen Geschwistern an der Tagesordnung. Doch wo beginnt Inzest und wo endet er?

Beginnen wir nicht bei den Pharaonen, sondern mit einem Blick in die griechisch-römische Mythologie: Die Götter dieser Zeit – also die »Regenten« der Welt und des Kosmos – pflegten sexuelle Beziehungen unter Verwandten. So lieben bspw. Selene und ihr Bruder Helios einander leidenschaftlich. Helios, die (im Griechischen männliche) Sonne, verfolgt jeden Tag seine Schwester Selene, den (im Griechischen weiblichen) Mond, bis es ihm immer wieder gelingt, sie einzuholen und mit ihr zu schlafen. Mithilfe dieser Erzählung von einer leidenschaftlichen Geschwisterliebe wurde in der Antike die Sonnenfinsternis erklärt. Selbst der mächtige Göttervater Zeus heiratet seine Schwester Hera und tritt somit in die Fußstapfen seines Vaters Kronos, der ebenso die eigene Schwester, nämlich Rhea, ehelichte und mit ihr mehrere Kinder zeugte. Doch die Sache mit dem Inzest ist ambivalent. Trotz des Vorbilds der Götter werden sexuelle Aktivitäten und eheliche Verhältnisse mit nahen Verwandten auch in der griechischen Mythologie als Freveltaten geahndet. Während nämlich auf dem Götterberg Olymp der Sex im trauten Kreis der Familie kein Problem darzustellen scheint, ist die ungewollte sexuelle Beziehung von König Ödipus zur, wie er erst später erfährt, eigenen Mutter Grund für die unbarmherzige göttliche Strafe.

Was der Anlass dafür war, dass in einem bestimmten Moment der Kulturgeschichte der Sex mit engen Verwandten verboten wurde, kann heute nur noch vermutet werden. Vielleicht hatte man eines Tages bemerkt, dass bei Kindern aus solchen Beziehungen überdurchschnittlich viele Krankheiten, Behinderungen und Fehlgeburten auftraten. Vielleicht wollte man mithilfe eines solchen Verbotes die eigene Sippe schützen. Wir wissen es nicht. Tatsächlich sind die Inzestverbote in den verschiedenen Kulturen sehr unterschiedlich. Die Grenzziehung richtet sich oft nach dem Grad der Verwandtschaft, aber auch nach dem Geschlecht oder nach der sozialen Stellung der Beteiligten. Die ältesten uns bekannten Vorschriften, die den Sex zwischen Verwandten verbieten, stammen aus dem *Codex Hammurapi* (18. Jh. v. Chr.) und aus dem *Gesetzeskodex der Hethiter* (15.–13. Jh. v. Chr.).

Die biblische Gesetzgebung ist, wie in anderen Bereichen auch, stark vom altorientalischen Recht geprägt. Obwohl das Alte Testament selbst keinen eigenen Begriff für Inzest oder Blutschande kennt, werden in den verschiedenen Gesetzessammlungen eine Reihe solcher Beziehungen beschrieben und der sexuelle Kontakt zwischen Verwandten grundsätzlich verboten (Lev 18,6–18 u. 20,19–21). Dabei sind die Rechtssätze apodiktisch formuliert, bedurften also in den Augen der Verfasser keiner weiteren Erklärungen. Auffällig ist zudem, dass sämtliche Gesetze den sexuell aktiven Mann in den Blick nehmen. Weder in der Bibel noch im Talmud werden Inzestverbote für Frauen formuliert. Das liegt wohl daran, dass Frauen in der antiken Gesellschaft eine untergeordnete Rolle hatten und so auch als Objekt der männlichen Sexualität wahrgenommen wurden. Der Mann war das Subjekt, der Handelnde. Daher bezieht sich das Inzesttabu auch immer auf weibliche Blutsverwandte, also bspw. auf den Geschlechtsverkehr mit der eigenen Mutter, mit den Nebenfrauen des eigenen Vaters, mit leiblichen Schwestern, mit den Töchtern und Enkelinnen des Vaters, mit Tanten,

Schwiegertöchtern oder Schwägerinnen. Als Strafe für derartige Vergehen steht immer der Tod. Eine Ausnahme bildet die sogenannte Leviratsehe (Schwagerehe). Mit der Frau des verstorbenen Bruders zu schlafen wird sogar ausdrücklich befohlen. Wenn ein kinderloser Mann stirbt, kann bzw. soll sein Bruder mit der Frau des Toten verkehren, um die Blutlinie der Familie aufrechtzuerhalten (Dtn 25,5–10). Dies sicherte auch das Überleben und den sozialen Stand der Witwe.

Warum in keiner Liste des Alten Testaments ein Sexverbot mit der Schwiegermutter und der eigenen Tochter auftaucht, wenn diese das Heiratsalter erreicht hat, wird unterschiedlich diskutiert, vor allem weil sowohl der *Codex Hammurabi* als auch die Hethiter hier ganz klare Gesetze erlassen. Eine Antwort könnte sein, dass die biblische Gesellschaft solche Beziehungen toleriert hat; eine andere hingegen, dass die Bibel sie als derart abnorm ansah, dass sie es für unnötig hielt, auch nur ein Wort darüber zu verlieren. Die Begründungen jedenfalls sind da, wo sie gegeben werden, nicht biologischer, sondern sozialethischer und religiöser Natur. In erster Linie geht es den Verfassern um eine klare Abgrenzung von den Sexualpraktiken und den damit verbundenen kultischen Praktiken der Nachbarvölker, insbesondere der Ägypter und der Kanaaniter. Gleichzeitig galt es, mithilfe klarer Richtlinien die (gottgegebene) gesellschaftliche Ordnung zu schützen.

Die völlige Abwesenheit von Inzestverboten im Neuen Testament hingegen hängt vorwiegend mit der Tatsache zusammen, dass Sex in den Predigten des historischen Jesus so gut wie keine Rolle gespielt haben dürfte. Zudem wollten sich die ersten

Christen vom Judentum und von dessen detaillierter Gesetzgebung absetzen und die jüdischen Gesetze daher auch nicht einfach übernehmen. So wird im Neuen Testament mit dem griechischen Begriff *porneía* grundsätzlich alles verboten, was im weitesten Sinne mit Sexualität zusammenhängt, die nicht innerhalb der Ehe zwischen einem Mann und einer Frau praktiziert wird. Inzestuöse Sexualkontakte sind hier zwar nicht explizit genannt, aber der Sache nach miteingeschlossen. Ein Beispiel dafür lässt sich bei Paulus finden: »Überhaupt hört man von Unzucht unter euch und zwar von einer solchen Unzucht, wie sie nicht einmal unter den Heiden herrscht, dass nämlich einer die Frau seines Vaters hat. Und da seid ihr aufgeblasen, statt traurig zu werden und den aus eurer Mitte auszustoßen, der so etwas getan hat?« (1Kor 5,1–3)

Obwohl Paulus sich vom Judentum abgrenzen wollte, empört er sich in dieser Szene bis aufs Äußerste und bezieht sich dabei auf eine Vorschrift aus dem Buch Levitikus. Er kann nicht verstehen, warum ein Mann, der ein Verhältnis zur eigenen Stiefmutter pflegt, nicht aus der Gemeinde ausgeschlossen wird. In seiner Kritik wird deutlich, wie sehr Paulus noch dem jüdischen Denken verhaftet ist, das allein den Mann in die Verantwortung nimmt. Dass Paulus so heftig reagiert, verwundert aber auch, wenn man die – ihm bekannten – alttestamentlichen Texte näher betrachtet [→ Kap. 13].

Inzestuöse Beziehungen bei den Erzeltern scheinen geradezu *en vogue* zu sein [→ Kap. 2]: Abraham heiratet die Tochter seines Vaters, also seine Halbschwester Sarah (Gen 20,2); sein Bruder Nahor ist mit seiner Enkelin Milka liiert (Gen 11,29) und Isaak ehelicht seine Cousine Rebekka (Gen 24). Esau folgt dem Vorbild seines Vaters Isaak und heiratet Mahalat, die Tochter seines Onkels Ismael (Gen 28,9). Jakob ist gleichzeitig mit zwei Schwestern verheiratet, Lea und Rachel, die nebenbei auch noch seine Cousinen sind (Gen 29). Zwei von Jakobs Söhnen gehen sogar noch einen Schritt weiter: Juda hat Sex mit seiner Schwiegertochter und ist gleichzeitig Vater und Opa der Zwillinge, die aus dieser Beziehung entstehen (Gen 38) [→ Kap. 4]. Ruben, der erstgeborene Sohn Jakobs, schläft mit Bilha, einer der beiden Nebenfrauen seines Vaters (Gen 35,22). Getoppt wird Rubens Verhalten nur noch von Absalom, dem Erstgeborenen von König David. Absalom hat mit gleich zehn Nebenfrauen des Vaters Geschlechtsverkehr, und zwar auf dem Dach des Palastes, sodass es jeder sehen kann (2Sam 16,22). Sein Bruder Amnon hat zuvor recht ungeniert die eigene Halbschwester Tamar zum Sex gezwungen und somit gleich zwei todeswürdige Vergehen begangen: Inzest und Vergewaltigung (2Sam 13) [→ Kap. 5].

Der berühmteste Fall einer inzestuösen Beziehung ist wohl der von Lot und seinen Töchtern (Gen 19,30–38). Nach der Flucht aus Sodom lässt sich Lot mit seinen Töchtern, von denen keine Namen überliefert sind, im Gebirge nieder. Weil die Frauen Angst haben, in der Fremde keinen Ehemann zu finden und kinderlos alt zu werden, fasst die ältere Schwester den Plan, sich vom eigenen Vater schwängern zu lassen, und überredet dazu auch ihre Schwester. Die jungen Frauen machen Lot betrunken und legen sich dann zu ihm, in der ersten Nacht die Ältere, in der zweiten Nacht die Jüngere. Der biblische Text beschreibt diese Szene erstaunlich ausführlich. Der alte Vater ist passiv, vom Alkohol betäubt. Trotzdem hat diese Geschichte nicht in erster Linie mit Sex zu tun, sondern mit dem rechtlichen Anspruch auf Landbesitz der in den beiden vollzogenen Liebesnächten begründeten Blutlinien der Ammoniter und Moabiter.

Auffällig ist, dass innerbiblisch die Geschichte nicht negativ bewertet wird. Im Gegenteil: Die Namen der Kinder – Moab (hebräisch für »vom Vater bekommen«) und Ben-Ammi (hebräisch für »Sohn meines Volkes«) – sind ein Hinweis dafür, dass Töchter und Vater sich nicht einmal in der Öffentlichkeit für ihr Tun schämen mussten. Beide Nachkommen werden jeweils zum Stammvater der Moabiter und der Ammoniter, zwei verfeindete Nachbarn des Volkes Israels. Bis in die Gegenwart der *#MeToo*-Bewegung ist diese Erzählung sehr unterschiedlich gedeutet worden. Im biblischen Kontext sind sexuelle Kontakte zwischen Vätern und ihren Töchtern, wie wir schon gesehen haben, nicht geregelt, ein Schlupfloch im Gesetz möglicherweise, das den Protagonisten in diesem Fall vor der drohenden Todesstrafe bewahrte.

Ein letztes interessantes Beispiel für weitreichende Inzestbeziehungen stammt aus der apokryphen, bibelnahen Literatur: Dort handelt eine Erzählung von Amran, der seine Tante Johebed heiratet. Das Paar wird dafür nicht bestraft, sondern bekommt sogar drei Kinder, von denen das jüngste Mose ist, der bekanntlich eine nicht ganz unbedeutende Rolle einnehmen wird: Er wird der größte Führer des Volkes Israel.

Anders als es also die unterschiedlichen Verbote beschreiben, wird Sex in der Familie in all diesen Fällen nicht bestraft, sondern, wenn er im Rahmen einer Familie stattfindet und der Sache Gottes dient, sogar indirekt positiv dargestellt. Inzestuöse Begegnungen, wie sie in modernen Gesellschaften verurteilt werden oder gar ein Tabuthema sind, waren in der Bibel und der Literatur dieser Zeit ein wichtiges Thema. Die Wirkungsgeschichte hat dabei vor allem bei den vielfältigen, durchaus scharfen Verboten angesetzt. Dass es in der Praxis aber sehr wohl zu sexuellen Beziehungen zwischen erwachsenen Verwandten kam, ist weitgehend in Vergessenheit geraten. Fakt ist: Die Inzestgesetze sind die biblischen Vorschriften, die die spätere Gesetzgebung der christlich geprägten Länder bis heute am stärksten beeinflusst haben.

4. Zwei Prostituierte im Stammbaum Jesu

Prostitution ist eines der Themen, bei dem das Christentum eine nicht zu leugnende Doppelmoral an den Tag legt. Seit Jahrhunderten werden Prostituierte stigmatisiert und oft genug entrechtet; ihr Gewerbe hingegen meist toleriert und teilweise sogar gefördert. Augustinus und Thomas von Aquin hielten zum Beispiel die Prostitution für unverzichtbar. Der Bischof von Straßburg ließ 1309 ein Bordell, und der Bischof von Winchester im 15. Jh. gleich ein ganzes Rotlichtviertel errichten. Für die kirchlichen Obrigkeiten war das Geschäft mit dem Sex zweifach lukrativ: Einerseits zogen sie einen Hurenzins ein, andererseits verdienten sie an den Ablassbriefen, mit denen sich Prostituierte und Freier von ihren Sünden freikauften. Auch unter den Jüngerinnen Jesu gibt es Prostituierte und bei näherem Hinsehen sogar in seinem Stammbaum.

In moralischer Hinsicht war Prostitution in der antiken Welt grundsätzlich kein Problem, allerdings unter der Prämisse, dass es ein männlicher Protagonist war, der sich die körperlichen Freuden gönnte. In Athen, so überliefert es der berühmte griechische Komödienschreiber Aristophanes, hatte der Mann für die Geburt seiner legitimen Kinder eine Ehefrau, für seine körperlichen Bedürfnisse Konkubinen und Prostituierte für ungewöhnliche sexuelle Vorlieben. Selbstverständlich war es dem Hausherrn gestattet, sexuell mit seiner Sklavin zu verkehren, auch der Besuch im Bordell galt nicht als Ehebruch. Archäologische Untersuchungen haben ergeben, dass es allein in Pompeji mit seinen damals rund 20 000 Einwohnern 25 Bordelle gegeben hat. Die Kritzeleien an den Wänden, die antiken Graffiti, sind mehr als eindeutig: Die Kundschaft prahlte mit vulgären Ausdrücken mit der eigenen sexuellen Leistung und verewigte anerkennende Worte für die Dienste der Prostituierten, während die Sexarbeiterinnen und -arbeiter sich selbst oder den Freiern häufig den Tod wünschten.

Neben Sklavinnen und Sklaven, die keine andere Wahl hatten, als den sexuellen Gelüsten ihrer (männlichen und weiblichen) Besitzer zur Verfügung zu stehen, wurden auch freie Menschen von der Armut in die Prostitution getrieben. Natürlich gab es auch vereinzelt kritische Stimmen, so beispielsweise die Philosophen der Stoa oder später so manche christlichen Denker. Ernsthaft schaden konnte ihre Kritik dem Prostitutionsgeschäft aber nicht. Sowohl in der Spätantike als auch im Mittelalter wurde das Geschäft mit dem Sex von der Kirche als notwendiges Übel angesehen, das dazu diente, die gesellschaftliche Ordnung aufrechtzuhalten. Der ansonsten leib- und lustfeindliche heilige Augustinus betonte zwar, dass in der himmlischen Gesellschaft für Prostitution kein Platz sei, in der hiesigen Gesellschaft wäre allerdings die Lage ganz anders. »Wenn du die Dirnen vertreibst, werden die Leidenschaften alles verwirren«, schreibt er unverblümt im zweiten Buch seines Dialogs *De Ordine*. Und auch Thomas von Aquin stimmte dem zu. Man errichtete also Bordelle und die Bischöfe segneten sie. Ob sie selbst auch Gäste und Nutznießer waren, lässt sich heute allerdings nicht mehr herausfinden.

Was aber lässt sich in der Bibel zu diesem Thema finden? Das Alte Testament kennt grundsätzlich zwei Arten von Prostitution, eine profane (*zônāh)* und eine sakrale (*qədešāh),* wobei in der Forschungsgemeinschaft nach wie vor kein Konsens darüber besteht, ob im Zusammenhang mit Saat- und Erntefesten am Tempel sakrale Prostitution wirklich ausgeübt wurde. Die Bibel ist hier uneindeutig: Während man in 2Kön 23,7 und Hos 4,14 erfährt, dass eine bzw. ein *qədešāh* möglicherweise als Kultbedienstete/r tätig war, wird genau das in Dtn 23,18 verboten. Die profane Prostitution dagegen war weit verbreitet. So war die Mutter des Richters Jeftahs eine *zônāh* (Ri 11,1), von Simson wird erzählt, dass er sich mit einer Hure aus Gaza vergnügt haben soll (Ri 16,1), und das berühmte salomonische Urteil bezieht sich auf einen Rechtsstreit zwischen zwei Prostituierten, die im gleichen Haus wohnten – vermutlich einem Jerusalemer Bordell (1Kön 3,16–28). Sogar Priester gingen im Freudenhaus ein und aus (Bar 6,9), was grundsätzlich nicht verboten war, wenn sie dabei nicht die Almosen verprassten. Über die Lebensbedingungen der Prostituierten erfährt man in den biblischen Texten wenig.

Erst im Buch des Propheten Hosea begegnen einige Details. Dort gibt Gott selbst dem Propheten Hosea den Auftrag, sich ein »Hurenweib« zur Frau zu nehmen und mit ihr »Hurenkinder« zu zeugen (Hos 1,2). Trotzdem kommt es nicht zu einer »Pretty Woman«-Story samt Hollywood-tauglichem Happy End. Zwar heiratet Hosea tatsächlich eine Prostituierte namens Gomer und das Paar hat drei gemeinsame Kinder, seine Frau gibt ihren Beruf jedoch nie auf. Die seltsame Familie soll nämlich ein prophetisches Zeichen dafür sein, dass Israel mit fremden Göttern Hurerei betreibt. Neben diesem theologischen Aspekt kann man heute aus der Erzählung aber auch schließen, dass Prostituierte im alten Israel durchaus ein »normales« Leben geführt, geheiratet und Familien gegründet haben dürften. Für die *zônāh* gibt es in der Bibel dabei nur wenige Regelungen. Die Gesetzgebung aus dem Buch Levitikus verbietet es, dass ein Vater seine Tochter zur *zônāh* macht (Lev 19,29), und auch, dass ein Priester eine *zônāh* heiratet (Lev 21,14). Ansonsten ist alles erlaubt, oder zumindest nicht explizit verboten.

Aus dem Neuen Testament kennen wir die Geschichte des namentlich nicht genannten »verlorenen« Sohnes, der sein ganzes Hab und Gut für Prostituierte ausgegeben hat (Lk 15,30) und dem der – im Gleichnis für Gott stehende – Vater dafür keinerlei Vorwürfe macht, als er schlussendlich nach Hause kommt. Außerdem gibt es Prostituierte, die Jesus als

Jüngerinnen nachfolgen. Davon, dass er von ihnen eine Art »Bekehrung« gefordert hätte, ist nicht die Rede. Vielmehr provoziert Jesus bei einem Streitgespräch im Tempel die Hohenpriester und Ältesten: »Die Zöllner und die Huren«, sagt er zu ihnen, »kommen eher ins Reich Gottes als ihr.« (Mt 21,31) Jesus scheint keine Berührungsängste mit Prostituierten gehabt zu haben. Das könnte möglicherweise damit zusammenhängen, dass sich in seiner Ahnentafel, so wie sie das Matthäusevangelium wiedergibt (Mt 1,1–17), zwei Prostituierte finden.

Die erste ist Tamar, deren Geschichte in der Genesis erzählt wird (Gen 38). Zunächst führt sie ein Leben wie im Bilderbuch. Sie heiratet Er, den ältesten Sohn des Juda. Als er stirbt, wird sie seinem jüngeren Bruder, Onan, als Frau anvertraut. Das entsprach der damals im gesamten Alten Orient üblichen Praxis der Levirats- oder Schwagerehe [→ Kap. 3]. Onan aber weigert sich, mit der Frau seines verstorbenen Bruders Kinder zu zeugen, und lässt seinen Samen, wann immer er mit Tamar Geschlechtsverkehr hat, auf den Boden fallen. Für diese heute als *coitus interruptus* bekannte (Verhütungs-)Praktik bestrafte Gott Onan mit dem Tod, denn das Ur-Gebot lautete ja nach wie vor: »Mehret euch!«. So wurde Onan später übrigens zum Namensgeber für das sexuelle Kapitalvergehen der christlichen Moral schlechthin: die Masturbation, auch als Onanieren bekannt.

Nun wird Juda misstrauisch. Ist vielleicht Tamar daran schuld, dass schon zwei seiner Söhne, nachdem sie mit ihr geschlafen hatten, kinderlos sterben mussten? Aufgrund dieser

Zweifel verhindert Juda die vom Gesetz her vorgeschriebene Ehe seiner ungeliebten Schwiegertochter mit seinem dritten Sohn Shela und schickt Tamar ins Haus ihres Vaters zurück. Damit ist die Sache für ihn erledigt. Es vergehen viele Jahre, die Tamar in wirtschaftlicher Not und sozialer Schande verbracht haben dürfte. Eines Tages stirbt die Frau des Juda und Tamar erkennt ihre Chance: Sie verkleidet sich und setzt sich an die Einfahrtsstraße des Ortes. Juda hält sie für eine Hure. So kommt es, dass Tamar mit ihrem Schwiegervater schläft und von ihm schwanger wird. Als die Schwangerschaft nicht mehr zu verbergen ist, will Juda sie wegen Ehebruch hinrichten lassen. Er ist empört über ihre Unzucht, denn obwohl beide Ehemänner tot sind, darf sie nur Kinder gebären, die aus der Familie des Juda stammen. Letztlich nimmt die Sache aber für Tamar doch noch ein gutes Ende, denn sie hat sich clevererweise vorsorglich mit einem Pfand von Juda abgesichert und kann beweisen, dass er der Vater des noch ungeborenen Kindes ist. So erlässt Juda ihr die Strafe, denn er erkennt, dass sie im Recht ist und er ihr ihren dritten Sohn zum Ehemann hätte geben müssen.

Wenngleich Juda also Sex mit einer Prostituierten hat und es sich außerdem bei der sexuellen Begegnung der beiden um einen klaren Fall von Inzest handelt, also um ein Vergehen, auf das nach der Torah eigentlich die Todesstrafe steht, werden weder er noch Tamar bestraft. Im Gegenteil: Tamar bekommt Zwillinge, und einer der beiden, Perez, wird sogar der Ur-ur-ur-ur-ur-ur-Opa von König David und somit zum Vorfahren von Jesus. Prostitution als Mittel zum Zweck wird, so scheint es, von Gott akzeptiert und sogar zu einem wichtigen Baustein seiner Geschichte mit dem Volk Israel.

Die zweite Prostituierte in der Genealogie Jesu ist Rahab. Auch wenn Paulus den Geschlechtsverkehr mit Dirnen als Aufkündigung der Christus-Gemeinschaft interpretiert und verurteilt (1Kor 6,15f), wird sie doch im Brief an die Hebräer und auch im Jakobusbrief als Glaubensvorbild genannt (Heb 11,31 und Jak 2,25). Sehen wir uns die Episode von Rahab näher an: Im Buch Deuteronomium wird berichtet, dass Mose das Volk bis an die Grenze des gelobten Landes führt (Dtn 34). Die eigentliche Landnahme erfolgt jedoch unter seinem Nachfolger Josua. Als erste Stadt in der Reihe der ruhmreichen Eroberungen wird Jericho genannt, das in der Antike als eine der stärksten und unbesiegbarsten Befestigungen galt. Nach dem Vorbild altorientalischer Kriegsführung schickt Josua vor dem Angriff zwei seiner Männer voraus, damit diese das Land und die Stadt auskundschaften. Die beiden Soldaten gelangen ungehindert in die Stadt und finden im Haus einer jungen Frau namens Rahab Zuflucht (Jos 2). Ihr Name bedeutet »die Breite«, wahrscheinlich eine Anspielung auf ihre sexuelle »Großherzigkeit«.

Als nach einer für die Israeliten erfolgreichen Schlacht alle Einwohner der Stadt dahingemetzelt werden, bleiben Rahab und ihre Familie als Dank für die Aufnahme der Kundschafter verschont (Jos 6,25). Obwohl es für den Lauf der Dinge eigentlich irrelevant ist, nennen die biblischen Autoren ausdrücklich den Beruf der Gastgeberin: Sie ist eine Hure. Vielleicht war sie als Kultprostituierte für den Mondgott der Stadt Jericho tätig. Wahrscheinlicher aber ist, dass Rahab eine *zônāh,* eine gewöhnliche Prostituierte, war und in dieser Funktion eine Art Herbergsbetrieb geführt hat. In jedem Fall aber war sie eine außergewöhnliche Frau. Denn inmitten einer von Männern dominierten Welt und trotz ihrer geringen gesellschaftlichen Stellung trifft sie eine eigenständige Entscheidung, ja, sie widersetzt sich sogar dem König der Stadt, als sie die beiden Spione aus dem Volk Israel versteckt, ihnen hilft und sie nicht verrät. Die Erzählung von der Eroberung Jerichos ist zwar nicht historisch, die Hure Rahab aber ist nicht zufällig Protagonistin und Mittelpunkt des Geschehens. Gerade in ihrer geringen Stellung verkörpert sie Mut und Hoffnung. Sie heiratete später einen gewissen Salmon, wurde Mutter von Boas und somit in den Stammbaum Jesu aufgenommen (Mt 1,4).

Woher kommt also die herablassende bis verachtende Haltung gegenüber Prostituierten, die sich in den christlichen Kirchen im Lauf der Zeit ausgeprägt hat? Einen wichtigen Eckpunkt stellt dabei sicherlich die Reformation dar, die eine rigide Oberaufsicht samt Sittengericht über alle sexuellen Handlungen einführte, jede Art von Sexualvergehen ahndete und auch die Prostitution als moralisch verwerflich verurteilte. Die puritanischen Prediger forderten – und setzten das auch weitgehend durch –, dass die Bordelle aus dem Bild der protestantischen Städte verschwinden sollten. In den katholischen Ländern Südeuropas dagegen konnten sich derartige sexuelle Disziplinierungsversuche nicht durchsetzen. Dennoch führte auch das nicht zu einem realistischen Frauenbild. In beiden Fällen nämlich orientierte man sich, um die Rolle der Frau zu definieren, am Vorbild der Heiligen Familie bzw. an dem verzerrten idealisierten Bild, das man von dieser Familie hatte. In der Nachfolge der Jungfrau Maria konnte die Frau sich also nur durch absolute sexuelle Reinheit und Unberührbarkeit hervortun oder eben an diesem (überzogenen) Anspruch scheitern. Die Prostituierte wurde damit zum Sinnbild des Scheiterns und der moralischen Niederlage. Sie war die Sünderin *par excellence*. Heilige oder Hure waren die Optionen für die Frau, während der Mann, der sich ihrer bediente, in der damaligen Auffassung nur seinen natürlichen Bedürfnissen nachging, was ihm damals wie heute auch großzügig zugestanden wurde bzw. wird.

ICH KANN DIE LETZTE
NACHT NICHT VERGESSEN...
IN DER WARMEN NACHT
BIST DU ZU MIR GEKOMMEN.
DU HAST IN DER DUNKELHEIT
MEINEN NACKTEN KÖRPER
BERÜHRT... OHNE SCHAM...
ICH HABE DICH NICHT
BEACHTET UND DU HAST
AN MIR GESAUGT. DIE
GANZE NACHT HABEN WIR
GESPIELT, ICH WOLLTE DICH FA
DU BIST ABER ENTKOMMEN
ERST AM MORGEN KONN
EINSCHLAFEN, VERSCHW
DANN BIN ICH AUFGE
AM KÖRPER DIE ZEI
DEINER BISSE. ICH K
DICH NICHT VERGESS
DIESE NACHT WERD
VERFLIXTE MÜCKE
HOHELIED-APOKRYPHON

5. Vergewaltigung als Sachbeschädigung

Vergewaltigung ist in der Bibel zwar grundsätzlich verboten, die im Buch Deuteronomium vorgenommenen Unterscheidungen zeigen jedoch, dass dabei nicht der Schutz der Frau im Vordergrund steht, sondern die Interessen jenes Mannes, dem die Frau »gehört«. Dass die Problematik damit nicht zufriedenstellend gelöst wird, zeigt sich an verschiedenen Erzählungen, die sich mit dem Thema auseinandersetzen. Weibliche Opfer männlicher Brutalität gibt es in der Bibel einige. Allerdings lässt sich heute nicht mehr feststellen, ob diese Ausnahmefälle waren oder ob der grausame und respektlose Umgang mit Frauen zur Zeit der Textentstehung im Alten Orient traurige Normalität war.

Phyllis Trible, eine der bekanntesten US-amerikanischen Bibelwissenschaftlerinnen, bezeichnet eine nicht unbedeutende Anzahl alttestamentlicher Erzählungen als »texts of terror« – als Texte des Terrors oder Schreckenstexte. Dafür hat sie allen Grund: Obwohl die Bibel im Allgemeinen als Werk von hoher moralischer Autorität gilt, sind manche Passagen für unser heutiges Empfinden nicht nur befremdlich, sondern geradezu abstoßend. Dies ist besonders dann der Fall, wenn Frauen Opfer sexueller Gewalt werden und womöglich noch in der Folge sterben.

Einige Gesetzestexte aus dem Alten Testament regeln vermeintlich klar verschiedene Fälle von Vergehen an und Vergewaltigungen von Frauen. Sie sind zusammen mit den Vorschriften zum Thema »Ehebruch« zu lesen. Wichtig bei diesen Texten ist, dass aus dem Verständnis einer patriarchalischen Sozialstruktur die Frau immer als Objekt betrachtet wird. Sie steht entweder unter der Verfügungsgewalt des Vaters oder unter der des Ehemannes und wird als deren »Eigentum« angesehen. Im Buch Deuteronomium beschreiben drei Gebote unterschiedliche Fälle der Vergewaltigung junger Mädchen (Dtn 22). Die ersten beiden Gesetze befassen sich mit der Vergewaltigung einer bereits verlobten Jungfrau. Da die Verlobung als erste Stufe des Hochzeitsgeschehens galt, befand sich ein verlobtes Mädchen zu diesem Zeitpunkt bereits im Zuständigkeitsbereich des Ehemannes. Deswegen galten für verlobte Mädchen im Normalfall dieselben Regeln wie für verheiratete Frauen. Trennten sich die Verlobten voneinander, wurde dies als Scheidung angesehen.

Jede sexuelle Beziehung mit anderen Männern in der Verlobungszeit wurde als Ehebruch bestraft.

Zunächst befasst sich die Gesetzgebung mit einem sexuellen Übergriff innerhalb der Stadtmauern. Das für »Vergewaltigung« gebrauchte hebräische Wort *schakab* impliziert, dass einer der beiden Partner dem Geschlechtsverkehr nicht aus freien Stücken einwilligt. Es kann dabei physische wie psychische Gewalt im Spiel sein, aber auch das Benommen-Sein durch Wein oder andere Substanzen. Was für die Gesetzgebung entscheidend war, ist nicht so sehr die Art und Weise, wie die Vergewaltigung vonstattenging, sondern der Ort, an dem sie sich zugetragen hat. Fand die Vergewaltigung innerhalb einer befestigten Siedlung statt, trifft Täter und Opfer ein und dieselbe Strafe: Sie werden außerhalb der Stadtmauer gesteinigt (Dtn 22,23–24). »Die junge Frau, weil sie in der Stadt nicht um Hilfe schrie« – denn in der Stadt, so nimmt man an, hätte sie jemand hören müssen und ihr zur Hilfe kommen können –, »und den Mann, weil er die Frau seines Nächsten vergewaltigt hat.« (Dtn 22,25). Der Mann wird also bestraft, weil er die Sippe eines anderen Mannes verunreinigt und das legitime Recht des Bräutigams gebrochen hat, nicht aber, weil er der Frau Gewalt angetan hat. Die unterschiedlichen Begründungen für das grausame Urteil sowie der Umstand, dass nicht nach Gründen gesucht wird, warum das Mädchen nicht geschrien haben könnte, veranschaulichen die ungleiche Rechtssituation von Mann und Frau, wobei Letztere – vergewaltigt und hingerichtet – das doppelte Opfer männlicher Gewalt ist.

Der zweite Fall beschäftigt sich mit der Vergewaltigung einer Jungfrau außerhalb der Stadtmauern, wobei nun explizit von körperlicher Gewalt die Rede ist. In diesem Fall soll nur der Mann getötet werden, denn man geht davon aus, dass das Mädchen zwar versucht hat, sich zu wehren oder um Hilfe zu rufen, aber niemand da war, der sie hätte hören können (Dtn 22,25–26). Das Mädchen gilt deshalb als unschuldig. Obwohl diese Regelung – sieht man von der Problematik der Todesstrafe einmal ab – unserem heutigen Rechtsempfinden eher entspricht, wird auch hier dem Erleben des Opfers keine Rechnung getragen. Das ihr zugefügte Unrecht wird mit keinem Wort erwähnt, der Vergewaltiger stirbt einzig und allein aus dem Grund, dass er das Recht eines anderen Mannes missachtet hat.

Schließlich wird der Fall der Vergewaltigung eines unverlobten jungfräulichen Mädchens beschrieben. Berücksichtigt man den Umstand, dass Väter ihre Töchter im Alten Orient quasi schon als Kinder verlobt haben, behandelt der Gesetzgeber hier streng genommen Fälle von Pädophilie. Umso erschreckender mutet die Tatsache an, dass der gewalttätige Mann gänzlich ungestraft davonkommt. Anders als bei der Vergewaltigung einer verlobten Jungfrau hat der Vergewaltiger weder das Recht des Gatten missachtet noch seine Sippe verunreinigt. Die Vergewaltigung eines nicht verlobten Mädchens wird deshalb nicht wirklich als Verbrechen angesehen. Schwierigkeiten ergeben sich nur insofern, als der Vater seine Tochter nun nicht mehr als Jungfrau verheiraten kann und damit in der ganzen Angelegenheit der »Geschädigte« ist. Folgerichtig muss der Vergewaltiger der Familie des Mädchens einen angemessenen Brautpreis bezahlen und das Mädchen mit der Auflage, sich von ihr zeitlebens nicht scheiden zu lassen, zu seiner rechtmäßigen Ehefrau nehmen. Was das für das Mädchen bedeutet, mag man sich kaum ausmalen.

Auch wenn die soziale Absicherung der Frau in der Ehe als Wiederherstellung der Gerechtigkeit betrachtet werden kann, erweist sich die Vorschrift bei näherem Hinsehen als klarer Vorteil für den Vergewaltiger. Sofern er genug Geld hat, die Entschädigungszahlung zu übernehmen, hindert ihn nichts daran, sich auch an dem nächsten und übernächsten unverlobten Mädchen zu vergehen.

Bezeichnend für all diese rechtlichen Vorschriften ist, dass die Situation des vergewaltigten Mädchens nirgends Gegenstand des Interesses ist. Wie im Alten Orient üblich, bleibt die Frau auch in diesem Fall ein Objekt, um dessen Ergehen sich die Rechtsprechung nur insofern kümmert, als die Interessen des »Besitzers« verletzt werden. Eine solche Gesetzgebung entbehrt nicht nur auf eklatante Weise der Moralität, die wir heute in unseren Breitengraden an den Tag legen, sondern dürfte zum Zeitpunkt ihrer Gültigkeit dem frauenfeindlichen Verhalten der Männer noch Vorschub geleistet haben. In der Gegenwart gelesen finden wir darin eindrückliche Beispiele dafür, dass biblischen Gesetzen nicht vorbehaltslos eine allgemeine Gültigkeit zugesprochen werden kann und darf. Sie müssen stets in den zeitlichen und kulturellen Kontext eingeordnet werden.

Dieser letzte Fall – also die Vergewaltigung einer nicht verlobten jungen Frau – trifft auf die tragischen Geschichten von

Dina und Tamar zu. Beide Erzählungen weisen auffällige Parallelen auf. Jeweils begehrt ein junger Mann eine junge Frau, die beide Male explizit als Jungfrau beschrieben wird. Beide Mädchen sind bereit, dem Mann durch Heirat einen rechtlich abgesicherten Rahmen zur Stillung seiner sexuellen Begierde zu gewähren. Die Männer können oder wollen ihre Triebe aber nicht zügeln und vergewaltigen das jeweilige Mädchen. Die Väter unternehmen nichts, um ihren Töchtern Recht zu verschaffen. Stattdessen üben jeweils die Brüder Rache und töten den Vergewaltiger.

Die erste Geschichte handelt von Dina und Sichem (Gen 34). Als sich Dinas Vater Jakob mit seiner Familie im Land Kanaan niederlässt, sucht sich Dina neue Freundinnen unter den einheimischen Mädchen. Doch auch Sichem, der Sohn des Landesherrn, hat ein Auge auf sie geworfen. Ohne lange zu zögern, ergreift er sie mit Gewalt und zwingt sie zum Sex. Der biblische Text ist äußerst knapp gehalten und widmet Sichems schrecklicher Tat lediglich vier Verben: er sah sie, er nahm sie, er hatte Sex mit ihr und tat ihr dabei Gewalt an. Eine Verurteilung seines Tuns sucht man vergeblich. Dina selbst kommt in der Erzählung kein einziges Mal zu Wort. Noch dazu wird ihr Versuch, mit den Mädchen aus Kanaan Freundschaft zu schließen, sehr negativ dargestellt. Die Vergewaltigung erscheint damit gewissermaßen wie eine Strafe. Dieser Eindruck verstärkt sich noch, da ihr Vater nichts unternimmt, um sie zu schützen. Gemäß der geltenden Gesetzgebung gestattet er Sichem, Dina zu heiraten.

Doch auch als zwei ihrer Brüder eine List ersinnen, um angeblich die Vergewaltigung zu rächen, und in der Folge Sichem samt den Bewohnern der Stadt niedermetzeln, geht es nicht wirklich um die Schwester. Vielmehr wollen sie den Ruf des Familiennamens bzw. die Ehre der Familie wiederherstellen. Dina wird schließlich sogar indirekt beschuldigt, sie müsse etwas Unkorrektes getan haben, das letztlich zur Vergewaltigung geführt habe.

Die zweite Geschichte handelt von Amnon und seiner Halbschwester Tamar (2Sam 13,1–22). Amnon begehrt seine viel jüngere Schwester, die noch Jungfrau ist und daher unter dem Schutz ihres Vaters, König David, steht. Ihn plagt großer Liebeskummer und so folgt Amnon dem Ratschlag eines Freundes. Er stellt sich krank und bezweckt damit, dass David Tamar beauftragt, für ihn in seinem Haus zu kochen. Der Plan geht auf. Amnon schickt alle Bediensteten fort und lässt sich von Tamar die Speise ins Hinterzimmer bringen. Dort fordert er sie auf, sich zu ihm zu legen. Sie leistet Widerstand, weist ihn auf die Folgen einer Vergewaltigung hin und schlägt ihm vor, den sexuellen Akt durch Heirat zu legalisieren.

»Er aber«, so heißt es, »wollte nicht auf ihre Stimme hören. Und er überwältigte sie und tat ihr Gewalt an und lag bei ihr. Dann aber hasste Amnon sie mit sehr großem Hass.« (2Sam 13,14–15). So hasserfüllt lässt er sie unmittelbar nach der Tat auf die Straße werfen. Tamar ist verzweifelt, sie streut Asche auf ihren Kopf, zerreißt ihr Kleid und geht schreiend fort, doch keiner ist da, der ihr beistehen oder gar helfen würde. Als ihr Bruder Absalom von den Geschehnissen erfährt, befiehlt er ihr, darüber zu schweigen. König David selbst ist zwar zornig über die Tat, unternimmt aber nichts, denn – so zumindest der biblische Text – »er liebte [Amnon], weil er sein Erstgeborener war« (2Sam 13, 21) und damit sein designierter Nachfolger.

Erst zwei Jahre später kommt wieder Bewegung in die Sache: Absalom lässt Amnon ermorden und rechtfertigt seine Tat als Rache für die Vergewaltigung Tamars. De facto handelt es sich aber um einen politischen Mord mit dem klaren Ziel, einen Konkurrenten im Thronfolgestreit aus dem Weg zu räumen. Die Vergewaltigung Tamars wird im Text nicht verurteilt, schon gar nicht von Absalom, der selbst Jahre später, als er in Jerusalem einzieht, um seinen Vater vom Thron zu stürzen, solch schreckliche Taten begeht. Er vergewaltigt Davids Nebenfrauen auf dem Dach des Königpalastes, sodass alle es sehen können und der alte Vater auf diese Weise zusätzlich entehrt wird (2Sam 16,22).

Man könnte sogar meinen, der biblische Text habe geradezu Mitleid mit Amnon, den Vergewaltiger. Der Hinweis, dass er »liebeskrank« gewesen sei, kann als eine Art Entschuldigung für seine Tat gelesen werden. Die Vergewaltigung wird schließlich nicht als Vergehen gegen die junge Frau selbst, sondern als Vergehen gegen die Sozialordnung der Gesellschaft verstanden. Das vergewaltigte Mädchen ist nun keine Jungfrau mehr und kann nicht mehr rechtmäßig verheiratet werden. Dies scheint für die biblischen Autoren das eigentliche Problem zu sein.

Den grausamen Höhepunkt im Reigen der sexuell missbrauchten Frauen in der Bibel schildert die Geschichte eines Leviten, der nach Betlehem reist, um seine Nebenfrau zurückzuholen, die ins Haus ihres Vaters zurückgekehrt war. Das

Kapitel am Ende des Richterbuches (Ri 19) kann zwar als ein eindrucksvolles Zeugnis orientalischer Gastfreundschaft gelesen werden, zugleich zeichnet es aber das schreckliche Bild einer Welt, die von Männern dominiert wird und in der Frauen nur Objekt ihrer Willkür sind.

Nach fünf Tagen im Hause seines Schwiegervaters tritt der Levit mit seinem Knecht und seiner Nebenfrau den Heimweg an. Jedoch schaffen sie es nicht an einem Tag bis in die Heimat und müssen unterwegs in der Stadt Gibea übernachten. Nur ein alter Mann bietet ihnen Zuflucht und eine Übernachtungsgelegenheit an (Ri 19,16–21). Sie wähnen sich sicher, doch während des Abendessens umzingelt eine Horde von Männern das Haus des Gastgebers und fordert ihn auf, den Leviten herauszuschicken, damit sie »ihn erkennen können« (Ri 19,22). Dass es nicht um ein freundliches Kennenlernen geht, wird erst in der Antwort des alten Gastgebers klar, der die Handlung mit dem Wort »Willkür bzw. Schandtat« bezeichnet. Die hebräische Verbwurzel *yada'* (»kennen, erkennen«) wird hier ganz klar verwendet, um den Geschlechtsverkehr zu bezeichnen. Der um das Wohl seines Besuchers besorgte Hausherr geht aber einen Schritt zu weit und schlägt der Meute einen schrecklichen Tausch vor, um diese zu beruhigen: »Nicht doch, meine Brüder, tut doch nichts Übles! Nachdem dieser Mann in mein Haus gekommen ist, dürft ihr solch eine Schandtat nicht begehen! Siehe, meine Tochter, die noch Jungfrau ist und seine Nebenfrau, sie will ich euch herausbringen. Ihnen tut ihr Gewalt an und macht mit ihnen, was gut ist in euren Augen.« (Ri 19,23–24)

Als dennoch die Männer auf der Straße keine Ruhe geben, ergreift der Levit seine Nebenfrau und liefert sie ihnen aus. »Und die Männer erkannten sie«, so heißt es in der Bibel, »und missbrauchten sie die ganze Nacht hindurch bis zum Morgen. Und sie ließen sie gehen, als die Morgenröte aufging.« (Ri 19,25) Dies alles geschieht, während ihr Ehemann hinter verschlossener Tür wohlbehalten schläft. Als der Levit am Morgen das Haus verlässt, findet er die Frau, die an der Türschwelle zusammengebrochen ist. Der Frau, die in der ganzen Erzählung kein einziges Mal zu Wort kommt und somit überhaupt keine Stimme in den von Männern dominierten Szenen hat, hat man ihre ganze Würde genommen. Sie liegt am Boden. Schroff fordert der Levit sie auf, aufzustehen und mit ihm zu gehen. Es ist das erste und einzige Mal, dass er sie direkt anspricht. Sie antwortet nicht, denn sie ist bereits tot. Und so lädt er sie auf seinen Esel und setzt den Heimweg fort.

Zu Hause angekommen, schneidet der Levit ihren leblosen Körper in Stücke und verteilt die Leichenteile unter den Stämmen Israels, woraufhin sich diese zu einem Kampf gegen die Stadt bewegen lassen.

Ein ähnliches Schicksal hätte auch die zwei Töchter des Lot ereilen können, wären die Vorstellungen ihres Vaters nicht durch göttliches Eingreifen vereitelt worden (Gen 19). Als die Einwohner von Sodom Lot nämlich auffordern, ihnen seine Gäste auszuliefern, damit sie diese sexuell missbrauchen können, bietet er den Eindringlingen statt der zwei Männer seine beiden Töchter an. Durch die Intervention der Gäste, welche sich kurz darauf als Engel Gottes zu erkennen geben, werden die Mädchen gerettet, Lot selbst aber wird für das Preisgeben der Töchter nicht etwa bestraft, sondern als edler Gastgeber sogar damit belohnt, dass er der Vernichtung Sodoms entfliehen darf [→ Kap. 3].

Aber auch die Handlung des Leviten bzw. seines Gastgebers werden mit keinem Wort getadelt. Im Gegenteil, dem Levit gelingt es sogar, die verfeindeten Stämme Israels zu vereinen. Sogar der letzte Satz der Erzählung – »Denkt darüber nach, beratet und redet!« (Ri 19,30) –, der als Aufforderung verstanden werden kann, das Geschehen zu beurteilen, ist nicht eindeutig. In dem Kampf, der folgt, werden nämlich die Israeliten auch den Frauen von Gibea furchtbare Gewalt antun (Ri 21,10–12).

So wie Phyllis Trible sehr gut gesehen hat, bleiben diese Erzählungen ungelöste »texts of terror«. Aus heutiger Sicht kann man sie weder erklären noch rechtfertigen. Und dennoch: Indem solche Schreckenstaten überhaupt erzählt werden, fordert der biblische Text auf, nicht zu schweigen. Auch heute gilt es, all den namenlosen Frauen und Entrechteten in der Welt, denen auf irgendeine Weise Gewalt widerfährt, eine Stimme zu geben. Keine leichte, aber eine immens wichtige Aufgabe.

6. Die großen Schwächen eines kleinen Helden

Es gibt keine andere Geschichte in der Bibel, in der Sex eine zentralere Rolle spielt als in der Erzählung vom Richter Simson. Er ist eine Art biblischer Herkules. Solange er sich nicht die Haare schneiden lässt, verfügt er über übermenschliche Kräfte. Gott hat Simson auserwählt, sein Volk aus den Fängen der Philister zu retten. Doch Simson verwendet seine Gaben für eigene Zwecke und zeigt sich trotz seiner körperlichen Stärke als Mann mit menschlichen Schwächen. Schönen Frauen kann er nicht widerstehen.

Menschen mit Superkräften sind keine Erfindung der modernen Comic-Autoren. Auch in der Bibel gibt es eine ganze Reihe von Menschen, die Wunder wirken oder besondere Fähigkeiten haben. Einem von ihnen werden sogar übermenschliche Kräfte nachgesagt: Simson. Er tötet mit bloßen Händen einen Löwen, kämpft allein und unbewaffnet erfolgreich gegen ein feindliches Heer und vieles mehr. In der antiken Welt ist ein solcher Held keine Ausnahmeerscheinung, denn die griechische und die altorientalische Mythologie lieben solche Heroen. Sie alle haben konkrete Vorbilder im realen Leben: Menschen, die ungewöhnlich stark waren, gewagte Mutproben bestanden oder mit wilden Tieren kämpften. Von ihnen und ihren Taten wurde von Generation zu Generation erzählt und hier und da fantasievoll ausgeschmückt. So bildeten sich ihre Legenden heraus und sie wurden zu beliebten Motiven in Kunst und Kultur. Auf altorientalischen Siegeln und Reliefs fand man beispielsweise das Konterfei eines sechs- bis achtlockigen Helden, der offensichtlich Ähnlichkeiten zu Simson aufweist.

Im Unterschied zu Spiderman & Co. sind antike Helden fast ausnahmslos tragische Helden. Ihre besonderen Eigenschaften bringen es mit sich, dass sie zu großen Taten berufen sind, ihre Geschichten enden aber fast immer in einer Tragödie. Der klassische Ur-Typ einer solchen Heldengestalt ist zweifelsohne Achilles. Im Kampf ist er praktisch unbesiegbar. Unsterblich ist er allerdings nicht, denn eine Verletzung an der Ferse kann für ihn tödlich sein. Ähnlich ergeht es seinem germanischen Kollegen Siegfried, dem beim Baden in Drachenblut ein Lindenblatt auf den Rücken gefallen ist, was ihn an dieser Stelle verwundbar macht und ihm schließlich den Tod bringt. Überhaupt prägt das Motiv der kleinen, aber verhängnisvollen Schwäche die Heroengeschichten bis hin zu Superman, der von seinem Feind Lex Luthor immer wieder mit Kryptonit in Bedrängnis gebracht wird. Gemeinsam ist den starken Männern auch ihre Schwäche für schöne Frauen, die sich in aller Regel für sie fatal auswirkt.

Bevor Simson seine Schwäche für Frauen ausleben konnte, musste er erst einmal auf die Welt kommen. Davor stand jedoch seine wundersame Empfängnis. Seine Mutter gilt als unfruchtbar, wird dann aber unerwartet schwanger, was nicht nur ihren Ehemann Manoach verständlicherweise irritiert. Die Frau rechtfertigt sich damit, dass ein Engel zu ihr »gekommen« sei und ihr die Geburt eines ganz besonderen Sohnes ankündigte (Ri 13,3). Das hebräische Wort *wayyabo* (kommen) wird im Alten Testament immer wieder für sexuelle Begegnungen gebraucht – etwa bei Abraham und Hagar (Gen 16,4) oder bei David und Batseba (2Sam 11,5, auf Batseba bezogen). Manoach bleibt misstrauisch und will den »Engel« kennenlernen. Als er ihn dann sieht, hält Manoach ihn zunächst für einen ganz gewöhnlichen Mann. Trotzdem stellt er keine Fragen über die Umstände der Schwangerschaft seiner Frau. Vielmehr bewirtet er ihn, wie es die Gastfreundschaft gebietet. Manoach scheint keinen Groll zu hegen und, ja, vielleicht freut er sich sogar, dass ihm nun endlich ein Stammhalter geboren wird [→ Kap. 12].

Auffällig ist, wie oft betont wird, dass die Frau kein Rauschgetränk mehr zu sich nehmen soll, weil das Kind ein Nasiräer sein wird. Tatsächlich scheinen betrunkene Frauen in der

Bibel besonders häufig unter unklaren Umständen schwanger zu werden. So wettert beispielsweise der Priester Eli gegen die Mutter des künftigen Propheten Samuel, weil er meint, sie habe zu viel Wein getrunken (1Sam 1,14). Manoachs Frau jedenfalls bekommt ein Kind, Simson. Sein Vater ist wohl der himmlische Gast, denn im Text gibt es keinen Anhaltspunkt dafür, dass seine Mutter nach dieser Begegnung noch mit ihrem Gatten geschlafen hätte. Trotz dieses zweifelhaften Starts geht bei Simson zunächst alles gut. Simson ist Gott geweiht: »Ein Schermesser soll nicht auf sein Haupt kommen, denn ein Nasiräer Gottes soll der Junge sein von Mutterleib an. Und er wird anfangen, Israel aus der Hand der Philister zu retten.« (Ri 13,5)

So kommt es auch. Um seine Gegner besser kennenzulernen, erkundet Simson das Land der Philister. Zum Kämpfen sieht er dabei zunächst keinen Grund. Vielmehr heiratet er, als er in die Kleinstadt Timna kommt, gleich eine Frau aus dem feindlichen Volk (Ri 14). Sie ist hübsch und seiner Meinung nach die Richtige, so rechtfertigt er zumindest die Wahl vor seinen Eltern. Doch die Beziehung steht unter keinem guten Stern. Beim üblichen Rätselspiel während des Hochzeitfests nennt Simson einen derart übertriebenen Wetteinsatz, dass die Gäste die Frau bedrängen, ihnen die Lösung zu verraten. Sie drohen ihr damit, sie und das Haus ihres Vaters zu verbrennen. Der Plan geht auf. Die Braut weint zwar die ganze Zeit, verrät aber schließlich des Rätsels Lösung. Simson muss seine Wettschuld begleichen, bemerkt den Betrug und wird zu einem jähzornigen Kraftpaket. »Ihr habt mit meiner jungen Kuh gepflügt« (Ri 14,18), herrscht er die Gäste an. Worte, die ebenso vulgär wie deutlich sind: Seiner Meinung nach war die Verführung der Philister sexueller Natur. In seiner Wut verlässt er die Frau und bringt unterwegs dreißig Philister um.

Als sich sein Zorn gelegt hat, kehrt er zu ihr zurück, wohl weil er sich erinnert, dass die junge Philisterin doch einige Vorzüge hatte. Statt eines Blumenstraußes bringt er ein Ziegenböckchen mit. Romantik war wohl definitiv nicht seine Stärke, denn er begehrt vor allem eines: »Ich will ins dunkle Zimmer zu meiner Frau« (Ri 15,1), erklärt er seinem Schwiegervater schroff bei seiner Ankunft in Timna. Dieser aber wehrt ab. Nach Simsons emotionalem Abgang hat er das Mädchen dem Brautzeugen zur Ehefrau gegeben. Simson wird wütend, worauf ihm der Alte seine jüngere Tochter anbietet, die sogar noch hübscher sei. Simson will von dem Deal nichts wissen. Umgehend steckt er die Getreidefelder der Philister in Brand. Das Drama endet damit, dass die erzürnten Philister, die Simsons nicht handhab werden können, das Haus des Schwiegervaters verbrennen. Vater und Tochter sind darin eingeschlossen und sterben qualvoll in den Flammen. Simson jedoch steht der Sinn nicht nach Trauer, sondern nach Rache. Nur mit dem Kieferknochen eines Esels bewaffnet, tötet er – ein Kampflied trällernd – eintausend Philister (Ri 15).

Nach dieser Episode vergehen 20 Jahre, in denen Simson ruhiger geworden zu sein scheint. Doch dann erwacht wieder sein Sexualtrieb und ein Debakel folgt dem anderen (Ri 16). Erneut reist er in das Land der Philister, und zwar in die wichtigste seiner fünf Küstenstädte, Gaza. In der Ebene südlich von Jaffo – dem heutigen Tel Aviv – hatten die Philister mit Gaza, Ashdot,

Ashkelon, Gat und Ekron eine Pentapolis, eine Art politisches und ökonomisches Fünfstädtebündnis, gebildet. Gaza war eine bedeutende Hafenstadt. Hier endete die antike Weihrauchstraße, eine der ältesten Handelsrouten der Welt, die von Südarabien bis zur Mittelmeerküste führte. Von Gaza aus wurde der Weihrauch, den man vor allem für kultische Handlungen, aber auch in der Medizin und als beliebten Duftstoff für die Adelshäuser verwendete, in den gesamten Mittelmeerraum transportiert. In der Antike war die Hafenstadt Gaza ein reiches Handelszentrum, in der neben dem Warenhandel ein reger kultureller Austausch stattfand und das Geschäft mit der Prostitution florierte. Man konnte käufliche Liebe für alle Vorlieben finden, denn sowohl die müden Händler, die monatelang mit ihren Karawanen durch die arabische Wüste gezogen waren, als auch die Matrosen, die lange Zeit auf dem Meer verbracht hatten, wollten ihre sexuellen Bedürfnisse befriedigen. Warum Simson ausgerechnet nach Gaza ging, erzählen die biblischen Autoren nicht. Er findet aber offensichtlich sofort, was er sucht: eine Prostituierte, mit der er so schnell wie möglich zur Sache kommt. Dabei kommt es ihm ganz gelegen, dass in Gaza nicht nur »einheimische Huren«, also Philisterinnen, sondern Frauen aus der ganzen altorientalischen Welt, ja sogar aus Afrika ihre Dienste anbieten. So muss Simson nicht einmal mit einer Feindin des Volkes Israel verkehren. Doch die Ruhe ist nur von kurzer Dauer, denn schon bald bemerken Simsons Feinde seine Anwesenheit in der Stadt.

Simson, der zum großen Retter Israels werden sollte, hat sich also durch sein triebgesteuertes Verhalten in eine gefährliche Lage manövriert. Gaza lag nämlich nicht nur auf einem

Hügel, die Stadt war auch von einer starken Mauer mit vier Toren geschützt, die in der Nacht geschlossen wurden. Simson ist in einem Kämmerchen, in dem er gerade noch bezahlten Sex hatte, als seine Feinde die Tore besetzen und ihm auflauern. Doch auch das scheint für einen Mann wie ihn kein Problem zu sein. Irgendwann in der Nacht verlässt er wortlos das Bett, geht zu einem der gewaltigen Stadttore, reißt es mit seiner ungeheuren Kraft aus der Verankerung und trägt es auf einen Berg in der Nähe des fast 70 Kilometer entfernten Hebron (Ri 16,1–3). Schon kurz nach dieser Kraftdemonstration lässt er sich auf das nächste und verhängnisvollste Liebesabenteuer ein: Die Frau seiner Begierde ist einmal mehr im feindlichen Gebiet zu Hause, dem Tal Sorek, westlich von Jerusalem. Sorek bedeutet übersetzt »auserlesener Weinstock« oder »Weinranke«. Auf den fruchtbaren weichen Hängen wird in dieser Gegend seit der Antike ein erlesener Wein produziert, eine weitere Versuchung für unseren Helden, der seine Triebe schon in nüchternem Zustand nicht unter Kontrolle hat. Was ein Mann, der das Gelübde abgelegt hat, nie ein Rauschgetränk zu sich zu nehmen, ausgerechnet im »Tal des guten Weines« zu suchen hatte, verrät der biblische Text allerdings nicht.

Dort trifft Simson einmal mehr auf eine Philisterin, die erste übrigens, der die biblischen Autoren einen Namen zugestehen: Delila. Die unverfänglichste Deutung ihres Namens könnte mit »herabwallende Locke« wiedergegeben werden, was auf ihre Haarpracht und indirekt auf ihre erotische Ausstrahlungskraft anspielen könnte. Weitere Übertragungen wären »die Heruntergekommene«, »die Kokettierende«, »die

Begehrende« oder »diejenige, die der Nacht gehört«. Simson hat sich sofort in Delila verliebt. Von einer Heirat ist aber nicht die Rede, vielmehr von verschiedenen Sex-Praktiken. Bei näherem Hinsehen scheint es gar, als wäre Simson mehr oder weniger freiwillig in die Schlingen einer Domina geraten. Offensichtlich gefällt es dem großen unbesiegbaren Mann, sich einer Frau zu unterwerfen. Ganz besonders scheinen es ihm ihre Bondage-Spielchen angetan zu haben. So lässt er sich auf unterschiedliche Weise von ihr ans Bett fesseln und spielt dann mit ihr das Spiel »Die Philister sind über dir!«. Wenn Delila Simson mit diesem Satz anruft, zerreißt er seine Fessel und macht sich auf die Suche nach dem Feind (Ri 16,4–14).

Wenngleich nicht sehr einfallsreich, scheint Simson das Spiel zu gefallen und er hätte sich wohl noch einige Zeit mit seiner Gebieterin vergnügt, hätte diese nicht ein unmoralisches Angebot von den Philistern erhalten: »Betöre ihn und siehe, wodurch seine Kraft so groß ist und wodurch wir ihn überwältigen können, sodass wir ihn binden, um ihn zu bezwingen!« (Ri 16,5), so lautet der Auftrag der Fürsten der Philister – das waren vermutlich die fünf Stadtherren der Pentapolis. Dafür bieten sie ihr je 1100 Silberstücke. Simson muss den Philistern also eine ordentliche Stange Geld wert gewesen sein: 5500 Stück Silber. Delila dagegen ist ihr Lover nicht sehr viel wert, denn sie akzeptiert den Deal, ohne ein Wort darüber zu verlieren.

Unmittelbar darauf macht sie sich ans Werk und beginnt Simson mit ihren Reizen zu bezirzen, bis ihr dieser völlig ausgeliefert ist. Als Delila dreimal von Simson nicht die richtige Antwort erhält und er es immer wieder schafft, die Fesseln zu zerreißen, setzt sie nicht mehr nur ihren Körper ein, sondern bearbeitet Simson auch emotional: »Wie kannst du sagen: Ich habe dich lieb! – wo doch dein Herz nicht mit mir ist? Dreimal hast du mich getäuscht und mir nicht anvertraut, wodurch deine Kraft so groß ist.« (Ri 16,15) Von nun an redet sie jeden Tag hartnäckig auf ihn ein, und bestraft ihn – sehr wahrscheinlich – mit Sex-Entzug. Erst als Simson durch ihre Machenschaften schon zu Tode betrübt oder, wie man es auch nennen könnte, sexuell maximal frustriert ist, gibt er sein Geheimnis preis. Simson ist offensichtlich sowohl emotional als auch körperlich in ein solches Abhängigkeitsverhältnis zu Delila geraten, dass er bereit ist, alles aufs Spiel zu setzen.

Nun hat Delila ein leichtes Unterfangen. Nach dem gemeinsamen Sex lässt sie Simson auf ihren Knien einschlafen und ruft die Philister, die ihm im Schlaf die Haare abschneiden. Dann spielen Delila und Simson ein letztes Mal »Die Philister sind über dir!«, noch einmal wird er in den Armen seiner schönen Liebhaberin wach, doch seine übermenschlichen Kräfte haben ihn verlassen. Er kann die Fesseln nicht zerreißen. Die Philister stechen ihm die Augen aus und werfen ihn ins Gefängnis (Ri 16,19–21).

Simsons glorreiche Tage sind vorbei. Doch in der Gefangenschaft passiert etwas, mit dem niemand gerechnet hat. Nach langer Zeit beginnen seine Haare nachzuwachsen und mit ihnen kehren auch Simsons Kräfte zurück. Mit einem letzten gewaltigen Kraftakt bringt er das Haus, in dem jede Menge Philister ihre Späße mit ihm treiben, zum Einsturz. Unter den Trümmern sind mit ihm mehrere tausend Philister begraben. Damit hat er zwar nicht, wie es der Engel vorhergesagt hat, Israel aus der Hand der Philister gerettet, er hat aber doch eine große Zahl an Feinden getötet und kann damit als erster religiös motivierter Selbstmordattentäter der Weltgeschichte angesehen werden. Das ist das tragische Ende eines Helden mit einem Hang zu Gewalt und Zerstörung, eines Helden, der den Sex mit interessanten Frauen mehr liebte als den Heilsauftrag seines Gottes.

7. Liebe macht kopflos

Der Topos der eiskalten Killerin in fragil anmutiger Gestalt taucht in einer Vielzahl zeitgenössischer Thriller auf. Die moralische Beurteilung dieser Frauen ist stark von dem geprägt, was in der jeweiligen Gesellschaft als geboten oder verboten, als helden- oder frevelhaft angesehen wird. In der Bibel macht die Intention der Handelnden den Unterschied. Nutzt die Frau ihre Reize, um der Sache Gottes zu dienen, scheint das die Wahl der Mittel zu legitimieren ...

Sex und Mord sind eine Garantie für hohe Einschaltquoten. Von der Grusel-Doku *Snapped – Wenn Frauen töten* bis hin zu dem mit Sex, Mord und Machtspielen überfrachteten Historiendrama *Die Borgias* findet sich im TV-Abendprogramm eine reiche Auswahl an Sex-and-Crime-Geschichten. Auch die Boulevardpresse titelt gern mit fetten Buchstaben von Mord und Totschlag mit einem sexuellen Hintergrund. Voyeurismus und Neugierde des Publikums und der Leserschaft lassen die Verkaufszahlen in die Höhe schnellen. Liebe und Tod oder *Eros* und *Thánatos*, so die altgriechischen Begriffe, sind seit jeher ein beliebtes Motiv in Kunst, Literatur und Unterhaltungsindustrie.

In der griechischen Mythologie war Thánatos der Gott des Todes. Er war unerbittlich, konnte aber auch verständnisvoll und sanft sein. Seine Schwester Ker hingegen stand für den grausamen, blutrünstigen Tod. Die Mutter der beiden war Nyx, die Nacht. Und derjenige in der Familie, der dafür sorgte, dass Thánatos nicht allzu viel Unheil anrichtete, war sein Onkel Eros. Jahrtausende später hat Sigmund Freud diese beiden Gegensätze in die Psyche des Menschen verlagert: Eros wurde zum positiven, erhaltenden Lebenstrieb und Thánatos zum negativen, zerstörerischen Todestrieb. Doch nicht nur Freud und nach ihm die moderne Psychoanalyse haben sich mit der Spannung zwischen Eros und Thánatos auseinandergesetzt. Das Motiv »Liebe und Tod« ist in der Kunst allgegenwärtig, wenn auch nicht immer offensichtlich.

Die Bibel stellt da keine Ausnahme dar. Gewaltsamer Tod und Liebe bzw. Erotik stehen auch hier in enger Verbindung und das sogar in der einen oder anderen durchaus prominenten Erzählung. Doch wenden wir uns zunächst einer weniger bekannten Episode zu: Es ist die tragische Geschichte von Simri, einem jungen Mann aus dem Volk Israel, und Kosbi, einem Mädchen aus dem Land Midian (Num 25,1–8.14–15). Den Hintergrund zu ihrer Begegnung bildet die vierzigjährige Wüstenwanderung der Israeliten, im Zuge derer das erwählte Volk mehrfach vom richtigen Glauben abgefallen ist. Einmal aber ist es besonders schlimm, als die kultischen Handlungen zu Ehren des Gottes Baal-Pegor Züge einer regelrechten Orgie annehmen und die Gefahr besteht, dass durch die Vermischung mit Frauen aus anderen Völkern die Reinheit des Volkes verloren geht. Diese Reinheitsvorstellung der Bibel dient der Identitätsfestigung des Volkes Israel. Sie ist im damaligen historischen und kulturellen Kontext verortet und frei von den Auswüchsen kolonialer, völkischer oder identitärer Ideologien der Frühen Neuzeit bis heute. Letztlich galt für die Israeliten eine klare Regel: Sex mit fremden Frauen, die andere Götter anbeteten, ist verboten und ein gotteslästerlicher Frevel. In diesem Fall kommt die Strafe postwendend in Form einer Plage, die 24 000 Menschen dahinrafft. Die Krankheit wütet vor sich hin, bis der Hohepriester Pinhas, ein Enkel Aarons, beschließt, alle, die dem sexualisierten Kult des Baal-Pegor verfallen sind, umzubringen. Sogleich setzt er sein Vorhaben in die Tat um. In einem Zelt findet er Simri und Kosbi, die gerade dabei sind, Baal-Pegor zu ehren, indem sie einander leidenschaftlich lieben. Pinhas ertappt die beiden in flagranti, ergreift sofort seinen Speer und durchbohrt die beiden jungen Leute noch auf ihrem Liebeslager. Unmittelbar darauf hört die Plage auf, wie der biblische Text nüchtern feststellt.

Die wohl berühmteste biblische Szene, in der Erotik und Mord eng miteinander verwoben sind, ist die von Johannes dem Täufer. Jesus hat seine Predigertätigkeit noch nicht richtig begonnen, als sein Cousin, Johannes der Täufer, bereits am Ende seines öffentlichen Wirkens angelangt ist. Er hat den Landesherrn Herodes Antipas beleidigt, indem er dessen Ehe mit Herodias, die früher mit Herodes Philippos verheiratet war, öffentlich kritisiert hat. Die Geschichte ist allerdings nicht ganz unkompliziert und sowohl das Markus- (6,17–29) als auch das Matthäusevangelium (14,3–12) kommen, so scheint es, mit den Namen der Beteiligten und den historischen Zusammenhängen etwas durcheinander. Schuld daran ist einerseits das damals noch wenig ausgeprägte Interesse, historische Begebenheiten möglichst korrekt darzustellen, andererseits auch Herodes der Große, der praktisch alle seine Kinder ebenfalls Herodes nannte und damit für gewaltige, bis heute anhaltende Verwirrung gesorgt hat. Zum Glück hilft uns in diesem Zusammenhang der jüdisch-römische Geschichtsschreiber Josefus Flavius weiter, der die Begebenheit mit den richtigen Namen festgehalten hat.

Nach Flavius war Herodias in erster Ehe mit Herodes Boethos verheiratet und nicht mit Herodes Philippos, wie es im Evangelium heißt. Johannes' Hauptkritikpunkt dürfte aber nicht die nach jüdischem Recht erlaubte Zweitehe betroffen haben, sondern vielmehr den Umstand, dass Herodes Antipas seine erste Frau – eine Tochter des verbündeten Nabatäerkönigs

Aretas – zu ihrem Vater zurückgeschickt hatte, um Herodias zu heiraten. Die damit verbundene Kränkung des ganzen Königshauses hätte beinahe einen Krieg verursacht. Letztlich blieb es bei mehreren Strafexpeditionen, die aber großes Leid über die Bevölkerung brachten, die in der Gegend lebte, in der Johannes seine Taufstelle hatte.

Aufgrund der Kritik des Johannes lässt der Landesherr den für ihn zwar unbequemen, jedoch in der Bevölkerung sehr beliebten Propheten gefangen nehmen. Als einige Zeit später die überaus hübsche Tochter der Herodias bei einem Festgelage zu Ehren des neuen Gatten ihrer Mutter einen verführerischen Tanz aufführt, nimmt das Unheil seinen Lauf. Herodes Antipas ist so erregt von der anmutigen Tanzeinlage, dass er der jungen Frau einen Wunsch gewährt. Nach kurzer Beratung mit der Mutter fordert Salome – ihr Name ist auch nur in den Schriften des Josefus überliefert – den Kopf von Johannes dem Täufer. Dieser soll ihr auf einer Schale in den Saal gebracht werden. Damit ist Johannes einer derjenigen Männer, die für die mit erotischen Reizen ausgeführte List einer Frau ihren Kopf verloren haben. Dieses Schicksal trägt er nämlich nicht allein.

Auch im Alten Testament hat ein Mann für die Reize und die vermeintliche Liebe einer Frau seinen Kopf lassen müssen. Wurde im Neuen Testament der Gerechte bestraft, dient die Geschichte im Alten Testament dazu, den Heilsplan Gottes Wirklichkeit werden zu lassen. Literarisches Vorbild für die Erzählung von Judit und Holofernes ist die von Jael und dem feindlichen Heerführer Sisera (Ri 5,24–25). Als Sisera nach dem verlorenen Kampf am Zelt der hübschen Jael vorbeikommt, wird er zweimal von der jungen Frau aufgefordert: »Kehre ein, mein Herr, kehre ein zu mir!« (Ri 4,18). Das ist durchaus als Anspielung zu einer sexuellen Einladung zu verstehen. Als Sisera das Zelt betritt, wird Jael aktiv und bedeckt ihn »mit einer Decke« (Ri 4,18). Das ist im Alten Testament eine geläufige Umschreibung für den Geschlechtsverkehr zwischen Mann und Frau. Nach dem Sex ist Sisera durstig. Jael gibt ihm zu trinken und »deckt ihn noch einmal zu« (Ri 4,19). Nach vollbrachtem Werk ist der Heerführer müde und schläft ein. Seine Geliebte nimmt einen Zeltpflock und bohrt ihn dem Schlafenden durch die Schläfe, bis das Holz in den Boden dringt.

Die Protagonistin der weitaus detailreicheren Geschichte ist Judit, eine äußerst attraktive und gottesfürchtige Witwe (Jdt 8,8–16). Der assyrische König Nebukadnezar – bekannt als der Eroberer Jerusalems im Jahr 587 v. Chr. – beauftragt seinen obersten Feldherrn Holofernes mit einem Straffeldzug im Westen seines Reiches. Die Israeliten bereiten ihre Verteidigung vor. Ihre Stadt Betulia, die möglicherweise als Chiffre für Jerusalem zu verstehen ist, ist vom assyrischen Heer belagert. Wie im Alten Orient bei Belagerungen üblich, ist die Siedlung von der Wasserzufuhr abgeschnitten. Die vom Durst völlig entkräftete Bevölkerung fordert bereits die Kapitulation, als völlig unerwartet Judit die Initiative ergreift.

Sie wird als junge und durchaus wohlhabende Witwe beschrieben (Jdt 8,7–8). Das ist im Alten Testament etwas Außerordentliches, gehören Witwen und Waisen doch normalerweise der armen Bevölkerungsschicht an, da sie allein auf sich gestellt sind. Judit hingegen hat von ihrem Mann reich geerbt und wird zudem als sehr weise und fromm beschrieben. Für eine Frau untypisch spricht sie sehr offen mit den Stadtoberhäuptern und wirbt für ihr Vertrauen. Beeindruckt von ihrer Courage, lassen sie Judit gewähren. So salbt sie sich in einer Lage der kollektiven Verzweiflung mit wohlriechenden Ölen, einem Symbol für Freude, und durchbricht damit den Kreislauf der Resignation. Auch streift sie ihr Witwengewand ab und zieht ihre wertvollsten Kleider an. Gezielt stellt sie ihre Schönheit zur Schau, will sie doch »die Blicke aller Männer […] auf sich ziehen« (Jdt 10,4). Dann begibt sie sich ins feindliche Lager und gibt vor, eine Fahnenflüchtige zu sein. Die von ihrer Schönheit geblendeten assyrischen Soldaten hegen ihr gegenüber keinerlei Misstrauen und arrangieren bereitwillig ein Treffen mit ihrem obersten Heerführer Holofernes, dem sie ausführlich verrät, wie er die Stadt Betulia einnehmen kann. Seinerseits von Judits Charme verzaubert, gibt Holofernes nach ein paar Tagen ihr zu Ehren ein Festmahl.

Als Judit in ihrem besten Kleid das Zelt betritt, »geriet Holofernes außer sich vor Entzücken über sie, seine Leidenschaft entbrannte und er war sehr begierig darauf, mit ihr zusammenzukommen.« Weiter heißt es in der Bibel: »Seit dem Tag, an dem er sie gesehen hatte, wartete er auf einen günstigen Augenblick, sie zu verführen.« (Jdt 12,16) Die Stimmung ist ausgelassen und Holofernes »wurde ihretwegen immer fröhlicher und trank sehr viel Wein, mehr als er jemals in seinem Leben an einem Tag getrunken hatte« (Jdt 12,20). Als das Gelage sich dem Ende zuneigt, verlassen alle seine Diener das

Zelt, um ihren Befehlshaber nicht bei der heißen Liebesnacht mit der schönen Unbekannten zu stören.

Schnell wird Holofernes von seinem Rausch übermannt und schläft ein. Anders aber als in der patriarchalischen Gesellschaft des Alten Orients zu erwarten wäre, ergreift nun die Frau die Initiative. Sie nimmt das Schwert des Heeresführers, das seine Männlichkeit symbolisiert, bittet Gott um Vergebung und um Kraft für ihre Tat und schlägt zweimal »mit ihrer ganzen Kraft auf seinen Nacken und haut ihm den Kopf ab« (Jdt 13,8). Mit dem Kopf als Trophäe kehrt sie in die Stadt zurück und berichtet von dem Geschehen. Holofernes' Schädel wird gut sichtbar an die Stadtmauer gehängt (Jdt 14,1). Damit ist Betulia gerettet. Judit selbst erhält in ihrem Umfeld in der Folge eine unantastbare Position. Obwohl viele Männer sie hätten ehelichen wollen, gewährt sie keinem, sie auch nur anzurühren, sie gibt ihre Eigenständigkeit nicht auf und erreicht ein stattliches Alter von 105 Jahren.

Judits Geschichte ist beeindruckend, die biblische Erzählung bei näherer Betrachtung jedoch voller Ungereimtheiten: Zuallererst war der feindliche König Nebukadnezar (605–562 v. Chr.) nicht – wie in der Bibel behauptet – König der Assyrer, sondern König der Babylonier. Ninive, die ihm zugeschriebene Residenzstadt und tatsächliche Hauptstadt der Assyrer, war zu seinen Lebenszeiten bereits zerstört (612 v. Chr.). Hinzu kommt, dass der Name Holofernes selbst weder assyrisch noch babylonisch, sondern persisch ist. Ähnliches gilt für den – ursprünglich sicher nicht hebräischen – Namen Judit, der im Alten Testament ansonsten nur noch einmal als Name einer hethitischen Frau belegt ist. Zu guter Letzt deutet auch der Ort des Geschehens nicht gerade auf Historizität hin, denn einen Ort namens Betulia, in der Nähe von Dotan südlich der Jesreelebene, hat es nach dem Stand der modernen Forschung nicht gegeben. Doch um all diese historischen Fakten geht es den Autoren letztlich auch nicht. Sie wollen in erster Linie eine Geschichte der Umkehr bestehender Machtverhältnisse erzählen, eine Geschichte von einem bedrängten Volk, das dank dem Heilshandeln Gottes und dem beherzten Eingreifen einer attraktiven, ihre Reize gezielt einsetzenden Frau gerettet wird.

In der heutigen Zeit wirken die Schilderungen von Salomes Kaltblütigkeit, Jaels Grausamkeit und Judits ebenso berechnendem wie erbarmungslosem Vorgehen erschreckend und das Zur-Schau-Stellen der abgeschlagenen Schädel von Johannes und Holofernes äußerst pietätlos. Wie diese Geschichten zur Zeit ihrer Entstehung wahrgenommen wurden, lässt sich heute nicht mehr in Erfahrung bringen. Fest steht, dass Frauen wie Salome, Jael und Judit Eingang in die Weltliteratur gefunden haben. Namhafte Künstler wie Donatello, Botticelli, Tintoretto, Tiziano, Caravaggio, Lucas Cranach, Albrecht Dürer, Rubens oder Klimt ließen sich von diesen Szenen inspirieren und setzten der personifizierten Gefahr weiblicher Sinnlichkeit in ihren Werken eindrucksvolle Denkmäler. Sex und Mord sind eben nicht erst seit der Erfindung von Film und Fernsehen ein Verkaufsschlager.

ER WAR HALS ÜBER KOPF IN MICH VERLIEBT, HAT ER GESAGT ...

8. »Wunderbar war mir deine Liebe, mehr als die Liebe der Frauen!«

»LGTBQ+«, »schwul«, »lesbisch« – diese Begriffe kennt die Bibel nicht. Doch ihre Texte wurden über Jahrhunderte hinweg von homophoben Denkern dazu missbraucht, eine vermeintlich göttliche Missgunst gegenüber gleichgeschlechtlich liebenden und lebenden Menschen zu begründen. Dabei ist es kein anderer als der berühmte König David, der sich zu seinem Freund Jonatan auf eine Art und Weise hingezogen fühlt, die eine reine Männerfreundschaft übersteigt. Homosexualität, so scheint es, wird in der Bibel nicht thematisiert oder problematisiert, sie wird schlicht und ergreifend gelebt.

Die beiden Samuelbücher erzählen von Davids rasantem Aufstieg vom einfachen Hirtenjungen zum größten König Israels. Neben seinen kriegerischen Heldentaten berichten sie wie selbstverständlich auch von seiner Liebe zu Jonatan, dem Sohn des Königs Saul, Davids Vorgänger und späterer Feind. Dass es sich bei dieser Zuneigung nicht bloß um eine freundschaftlich-platonische Beziehung gehandelt hat, zeigt sich spätestens im Klagelied, mit dem David den gewaltsamen Tod seines Geliebten beweint: »Du warst mir große Lust, wunderbar war mir deine Liebe, mehr als die Liebe der Frauen!« (2Sam 1,26) Dass diese offensichtlich homosexuelle Beziehung zwischen David und dem Königssohn in der Geschichte der Textauslegung grundsätzlich als aufopfernde Kameradschaft und über alle Erotik erhabene Männerfreundschaft dargestellt wurde und wird, zeigt, wie sehr Homosexualität innerhalb von Kirche und Gesellschaft noch immer tabuisiert wird, vor allem, wenn es sich bei den Beteiligten um Mitglieder der antiken biblischen High Society handelt. Von solchen Vorbehalten allerdings ist im biblischen Text nichts zu spüren.

Schon die erste Begegnung der beiden jungen Männer weckt erotische Assoziationen (1Sam 18). Es wird von einem Bund zwischen Jonatan und David berichtet, der zustande kommt, weil der Königssohn den Hirtenjungen, der kurz davor den Riesen Goliath erschlagen hat, liebgewonnen hat, ja, so lieb wie seine eigene Seele. Der Text verwendet für »Seele« das hebräische Wort *nefesch*, das in der biblischen Anthropologie als Sitz der Begierde und der mit ihr verbundenen triebhaften Aspekte der menschlichen Existenz, sei es Hunger, Durst oder eben auch sexuelle Lust, gilt. Auch erfährt man im ersten Samuelbuch zu Beginn des 19. Kapitels, dass Jonatan an David »Gefallen gefunden hat«, eine Wendung, die innerhalb des Alten Testaments deutlich sexuell konnotiert ist. Dabei ist es Jonatan offensichtlich egal, dass zu dieser Zeit David bereits seine Schwester, Michal, geheiratet hatte. Die beiden müssen schon bei ihrem ersten Zusammentreffen nicht bloß eine erotische Anziehung verspürt haben, sondern bereits eine Verliebtheit, ja sogar Liebe. Das unterstreichen zahlreiche Paralleltexte aus dem Hohenlied, in denen die Braut ganz ähnliche Worte für ihren Geliebten findet wie Jonatan für David.

Als David aufgrund seiner militärischen Erfolge zunehmend mächtiger wird, beginnt König Saul in ihm einen Feind zu sehen und will ihn umbringen lassen. Auch ist ihm zu Ohren gekommen, dass sein eigener Sohn den Gegner politisch unterstützt. Auf den Verrat reagiert Saul überaus zornig, wohl aber auch deshalb, weil er die nicht bloß platonische Liebe seines Sohnes zu David erkannt hat. Er beschimpft Jonatan mit derben Worten: »Du Sohn einer entarteten Mutter!« Und weiter: »Ich weiß genau, dass du den Sohn Isais [i. e. David] zu deiner Schande und zur Schande der Blöße deiner Mutter erwählt hast!« (1Sam 20,30) Was Saul also in Rage bringt, ist nicht bloß der politische Verrat, sondern vor allem die in seinen Augen unangemessene Liaison seines Sohnes. Der Wutausbruch des Vaters vermag gegen die starke Zuneigung der beiden Männer jedoch nichts auszurichten, denn kurz darauf ist von einem leidenschaftlichen Kuss zwischen David und Jonatan während einer geheimen Verabredung zu lesen (1Sam 20,39–41).

David, der bedeutendste König der Israeliten, dürfte also homosexuell gewesen sein. Zumindest war er bisexuell, schließlich berichten die Samuelbücher vor und nach Jonatans Tod auch von einigen leidenschaftlichen, wenngleich nicht immer gesetzeskonformen Beziehungen zu Frauen. Gegner dieser These versuchen für die nicht zu leugnenden sexuellen Konnotationen der besonderen Männerfreundschaft andere Erklärungen zu finden. Sie argumentieren, die Bibel hatte für ihr davidisches Epos Texte aus der mesopotamischen Liebeslyrik als Vorlage verwendet, in denen homosexuelle Zuneigung unter Männern ein gängiges Motiv gewesen sei. Tatsächlich ist bekannt, dass gleichgeschlechtliche Beziehungen bei den Ägyptern im 12. und 11. Jh. v. Chr. durchaus üblich waren. Inschriften und Grabgemälde dokumentieren, dass Affären zwischen verheirateten und zum Teil hoch angesehenen Männern der ägyptischen Gesellschaft als unproblematisch galten. Ähnliches gilt für das Seevolk der Philister, die nicht nur als die Feinde Israels schlechthin stilisiert werden, sondern dessen Kultur maßgeblich beeinflussten. Gerade im militärischen und im erzieherischen Bereich war die erotische Freundschaft junger Männer bei den Philistern keine Seltenheit und so könnte sie den Samuelbüchern tatsächlich als Vorbild gedient haben. Schließlich lässt auch das mesopotamische Gilgamesch-Epos, auf den die biblischen Autoren beispielsweise im Fall der Schöpfungs- und Sintfluterzählung rekurrieren, homosexuelle Motive erkennen. Gilgamesch und sein Freund Enkidu küssen einander, umarmen und berühren sich, und als Enkidu stirbt, trauert Gilgamesch um ihn mit einem Gedicht, das den Worten Davids gleicht: »Mein Freund, den ich liebte […], den ich so sehr liebte, ging zum Geschick der Menschheit.«

Ob Gilgamesch, Philister oder Ägypter, Vorbilder hochrangiger Männerpaare gab es für die Autoren der Davidserzählung genug. Doch erklärt das bloße Vorhandensein dieser Texte nicht, warum sich diese ausgerechnet in der Beziehung zwischen David und Jonatan wiederfinden, denn die biblischen Schriften pflegen ansonsten eine kritische Auseinandersetzung mit Fremdkulturen, grenzen sich bewusst von ihnen ab und beziehen Stellung.

Von einer solchen ablehnenden Haltung ist in den betreffenden Schilderungen jedoch nichts zu spüren, vielmehr scheint es, als fände die zärtliche Zweisamkeit von David und Jonatan volle Zustimmung im biblischen Text. Dass gerade der von Gott verworfene, im Text negativ dargestellte König Saul gegen ihre Liebe ist, wirkt umso mehr wie eine Anerkennung für die Verbundenheit der beiden Männer. Auch ist der weitere Duktus der Erzählung alles andere als wertneutral. Gott verurteilt und bestraft König David hart, als dieser ein Verhältnis mit der verheirateten Batseba eingeht und für den Tod ihres Ehemannes sorgt. Möglicherweise vergewaltigte König David Batseba, zumindest aber wurde sie schwanger. Hätte der biblische Text Davids Beziehung zu Jonatan anprangern wollen, wäre sie wohl kaum positiv dargestellt worden.

Dass die homosexuelle Beziehung zu Jonatan nicht sanktioniert wird, ist umso interessanter, als in Levitikus 18 das »Beiwohnen« zweier Männer, wie ein Mann einer Frau beiwohnt, als Gräuel deklariert und in Kapitel 20 sogar mit der Todesstrafe belegt wird. Das Verbot bezieht sich aber nicht auf eine auf Liebe gründende gleichgeschlechtliche Beziehung, sondern auf eine erniedrigende Form von Analverkehr, wie sie zum Beispiel im Krieg zwischen Sieger und Besiegten als eine Form der Demütigung praktiziert wurde. Insbesondere sind beide Texte Teil einer Reihe sexueller Vorschriften, die dazu dienen, zwischen rein und unrein zu unterscheiden. Beim betreffenden Gebot handelte es sich wahrscheinlich weder um eine moralische Norm noch war in der Praxis eine strafrechtliche Verfolgung angedacht. Sehr wahrscheinlich ist auch, dass die

Verbote deshalb so hart formuliert sind, weil der Fokus auf der kultischen Handlung und Reinhaltung lag und insbesondere die Verehrung fremder Gottheiten angeprangert werden sollte. Das eigentliche Vergehen wäre damit nicht der Geschlechtsakt an sich gewesen, sondern die damit verbundene Anbetung eines falschen, weil fremden Gottes.

Im Buch Levitikus wird nicht die »Homosexualität«, sondern höchstens eine spezifische Sexualpraktik verworfen. Gleichgeschlechtliche Liebe, Partnerschaft, Zärtlichkeit und Erotik werden in keiner der alttestamentlichen Schriften verboten und bei genauerem Hinsehen nicht einmal problematisiert. Der Vergleich mit ähnlichen assyrischen Gesetzen legt zudem nahe, dass sich auch das Levitikus-Verbot auf Aspekte der Gewalt beziehen dürfte. Sehr wahrscheinlich geht es bei diesem speziellen »Beiwohnen« um einen Akt der sexuellen Demütigung und Machtausübung, ein Verhalten also, das ganz sicher nicht der Beziehung zwischen David und Jonatan entspricht und auch nicht dem, was wir heutzutage unter Homosexualität verstehen.

Doch wie sieht es mit dem Neuen Testament aus? Eindeutig gleichgeschlechtliche Liebespaare wie David und Jonatan finden wir hier nicht. Personenkonstellationen, in denen eine besondere Nähe zwischen Menschen gleichen Geschlechts beschrieben wird, dagegen schon: Jesus und der Lieblingsjünger, Jesus und Lazarus, Jesus und Judas, Paulus und Onesimus, Timotheus, Barnabas, Silas etc. Dem entgegen scheint aber – zumindest auf den ersten Blick – Paulus zu stehen, der den Geschlechtsverkehr von Frauen mit Frauen und Männern mit Männern als ein Verhalten »wider die Natur« (Röm 1,26–27) bezeichnet. Ein interessantes Detail am Rande, das die moderne Leserschaft durchaus ein Schmunzeln abringen darf, besteht hier darin, dass Paulus in seinen Ausführungen an die Gemeinde in Korinth (1Kor 11,14) mit dem gleichen Argument auch Männer verurteilt, die langes Haar tragen. Nichtsdestotrotz würde im modernen Christentum keiner auf die Idee kommen zu behaupten, dass die Bibel die Haarmode männlicher Christen reglementieren will oder soll [→ Kap. 13].

Entscheidend bei der Römerbrief-Perikope ist ihr Kontext: Es geht Paulus hier nicht darum, Anweisungen für ein gelungenes christliches Leben zu formulieren, sondern ein sündhaftes Benehmen anzuprangern. In der hellenistischen Kulturwelt, in der sich das Christentum zunächst ausbreitete, war nämlich die Knabenliebe weit verbreitet, also eine Form von Sexualität, bei der ein erwachsener wohlhabender Mann die Abhängigkeit eines Jugendlichen oder sogar eines Kindes – meist eines Sklaven – ausnutzt, um sich Befriedigung zu verschaffen. Das, was Paulus hier brandmarkt, trifft weniger das, was wir heute unter Homosexualität verstehen, sondern es beschreibt das, was wir heute Pädophilie nennen und selbstverständlich verurteilen würden – allerdings nicht, weil beide Beteiligten dasselbe Geschlecht haben, sondern weil ein Partner unmündig, machtlos und dem anderen schutzlos ausgeliefert ist. Ein solches Verhalten hat nichts mit der Liebe zu tun, wie sie im Alten und im Neuen Testament als Gabe Gottes gedeutet und gepriesen wird – unabhängig davon, ob es Mann und Frau, Frau und Frau oder Mann und Mann sind, die sich zueinander hingezogen fühlen.

9. Tausendundeine Frau

Polygamie beherrschte die Gesellschaftsstrukturen der antiken biblischen Welt. Ob das auch auf die ersten christlichen Gemeinden noch zutraf, darüber ist sich die Forschung uneins. Möglicherweise war die Vielehe aber auch da kein Problem, es sei denn, man wollte Bischof werden. In dem Fall, so können wir zumindest dem ersten Brief an Timotheus und dem Brief an Titus entnehmen, durfte der Mann nur eine einzige Ehefrau haben. Letztlich musste man für seine Frauen aufkommen können, denn in den patriarchalischen Strukturen konnten sie kaum einer Erwerbsarbeit nachgehen. Das konnte sich wohl nicht jeder Handwerker leisten, ein König jedoch schon ...

Hollywoodreif ist in der Bibel vor allem eine Lovestory und tatsächlich wurde sie auch 1959 in einem Monumentalfilm mit Yul Brynner und Gina Lollobrigida als Protagonisten verfilmt: *Salomon und die Königin von Saba.* Sowohl das Alte als auch das Neuen Testament beziehen sich immer wieder auf die beiden Hauptpersonen, ebenso mehrere antike jüdische Schriften und sogar der Koran. Dabei ist aus Sicht der modernen Forschung gar nicht sicher, ob das Treffen zwischen den beiden jemals stattgefunden hat.

Die Welt, in der sich Salomo, der dritte König Israels, bewegte, gleicht der eines Märchens. Er regierte an einem Hof von kaum beschreibbarem Glanz und verwirklichte ebenso anspruchsvolle wie pompöse Bauprojekte. An seinem Königspalast zum Beispiel soll dreizehn Jahre lang gebaut worden sein. Säulen aus Zedernholz kamen dabei ebenso zum Einsatz wie holzgetäfelte Wände, Lichthöfe und ein aus Elfenbein gefertigter und mit Gold überzogener Königsthron. Reichtum und Weisheit Salomos waren bereits zu seinen Lebzeiten legendär. Durch kluge Politik sicherte er dem Land Frieden und bescherte seinem Volk ein goldenes Zeitalter. Anstatt die Nachbarvölker militärisch zu unterdrücken, heiratete er all jene Frauen, von denen – bzw. von deren Familien – er sich Frieden und Reichtum erhoffte. Das waren so einige, darunter sogar eine Pharaonentochter. Welch ein Glück für den Monarchen, dass er in einem altorientalischen Umfeld lebte, in dem Polygamie nichts Ungewöhnliches war.

Auch wenn es – insbesondere im Buch der Sprüche (Spr5, 15–16; 12,4 oder 18,22) – ein paar Texte gibt, die dafür plädieren, die echte Liebe in der monogamen Beziehung zwischen Mann und Frau zu suchen, wird die Polygamie in der Bibel nirgendwo verboten. Der Erste, der für sich das Recht beansprucht, zwei Frauen zu ehelichen, ist bereits kurz nach der Schöpfung Lamech, der Vater von Noah (Gen 4,19). Wie bereits beschrieben, hat auch Abraham neben Sarah noch weitere Frauen (Gen 25,6), Jakob lässt sich sowohl von seinen beiden Gattinnen als auch von deren beiden Mägden Kinder gebären (Gen 29) und auch sein Bruder Esau ist kein Kind von Traurigkeit und schließt mehrere Ehen (Gen 36,2–3). Von Mose ist bekannt, dass er nach Zippora (Ex 2,21) eine kuschitische Frau (Num 12,1) heiratete, und der Richter Gideon soll ebenso viele Frauen wie Nebenfrauen gehabt haben (Ri 8,30–31). König David hegt nicht nur für seinen Freund Jonatan zärtliche Gefühle [→ Kap. 8], sondern ehelicht neben Michal auch Ahinoam, Abigajil, Maacha, Haggit, Abital und Egla (2Sam 3,2), bevor er die bereits verheiratete Batseba zu sich in den Palast holt, ihren Mann töten lässt und sie zur Königin macht (2Sam 11,27). Zusätzlich erfreut er sich an mehr als zehn Nebenfrauen (2Sam 15,16), die er allesamt als Geschenk Gottes empfindet (2Sam 12,8). Doch sein Sohn toppt das Ganze: Aufgrund seiner klugen Heiratspolitik bringt es König Salomo auf »siebenhundert Prinzessinnen als Frauen und dreihundert Nebenfrauen« (1Kön 11,3). Das dürfte nicht bei allen Zeitgenossen gut angekommen sein, denn in dem ansonsten sehr knapp gehaltenen Gesetz zur Rolle des Königs in Israel wird explizit darauf hingewiesen, dass ein Regent nicht übermäßig Reichtümer anhäufen und sich »nicht viele

Frauen nehmen [soll], damit sein Herz nicht abtrünnig wird« (Deut 17,14–20). Ansonsten regelt die Bibel detaillierter die Belange des Erbrechts, sofern ein Mann Kinder von mehreren Frauen hat (21,15–17), und die Pflichten des Ehemannes gegenüber einer nicht mehr geliebten Ehefrau (Ex 21,7–11). Der salomonische Palast ist der einzige biblische Hinweis auf die Existenz eines großen Harems im alten Israel, wenngleich der Begriff »Harem« anachronistisch ist, da er zur Zeit der Regentschaft Salomos im 10. Jh. v. Chr. noch nicht existierte. Der ursprünglich arabische Ausdruck ist deutlich jünger und bezeichnet zunächst einen heiligen Ort. Erst später wird er für einen abgeschlossenen und bewachten Wohnbereich eines Hauses verwendet, in dem die Frauen des muslimischen Familienoberhaupts leben. Wenngleich der Begriff als solcher klar mit dem Islam verbunden ist, war es bereits in vielen altorientalischen Kulturen der vorislamischen Zeit üblich, Ehefrauen und Geliebten besondere, für andere Männer unzugängliche Räume zuzuweisen, um sie auf diese Weise besser kontrollieren, aber auch vor Übergriffen schützen zu können.

Von Assyrien, Babylon, dem Perserreich und Ägypten sind derartige Praktiken überliefert. So hatten beispielsweise die assyrischen Könige zahlreiche Konkubinen, die von Eunuchen bedient und bewacht wurden und ihren Gatten auf Reisen begleiteten. Außerdem gab es Regelungen hinsichtlich der Rechte der Frauen und ihrer königlichen Kinder. Nur den Frauen vorbehaltene Räume, sogenannte Gynäzeen, kannten auch die alten Griechen. Die adeligen Meder, die sich im Gebiet des heutigen Iran ansiedelten, hatten selten weniger als fünf Frauen und bei den Persern war es für die Männer ebenso möglich, sich mit mehreren Frauen und noch mehr Konkubinen zu vergnügen. Für die Parther ist Ähnliches belegt. Vermutlich wählten Könige und Adelige eine Hauptfrau aus, die den rechtmäßigen Erben zu gebären hatte. Außer ihr lebten aber noch eine ganze Reihe anderer Frauen im Palast: Nebenfrauen, Konkubinen und schließlich die Prinzessinnen aus dem eigenen Hause.

Der salomonische Harem mit seinen rund 1000 Frauen mag aus historischer Sicht übertrieben wirken, auch wenn die logistische Versorgung mit köstlichen Speisen, schönen Kleidern und prunkvollem Schmuck für den reichen König wohl kein großes Problem dargestellt hätte. Bei der Erfüllung sexueller Bedürfnisse dürfte er schon eher unter Druck geraten sein. Bedenkt man zudem, dass Salomo laut dem biblischen Bericht nur mit drei seiner Frauen Kinder gezeugt hat, liegt es nahe, dass er es mit seinen ehelichen Pflichten nicht so genau nahm. Trotz seiner vielen Frauen gelang es ihm jedenfalls nicht, einen geeigneten Nachfolger zu bestellen. Salomos einziger Sohn, Rehabeam, zählte zwar immerhin neben achtzehn Frauen auch sechzig Nebenfrauen zu seinem Haushalt (2Chr 11,21) und tritt insofern das Familienerbe an. Doch in puncto Regentschaft zeichnete er sich mit Amtsantritt vor allem durch Dummheit und politisches Unvermögen aus. So zerfiel das große Reich Salomos unmittelbar nach dem Tod des Königs in zwei Hälften (1Kön 12). Seine beiden Töchter, Basemat und Tafat, werden nur ganz nebenbei erwähnt, sie heirateten unbedeutende Männer, die für stabile Bündnisse nicht zu gebrauchen sind. In politischer Hinsicht haben die vielen Ehen also nicht gehalten, was sich Salomo einst von ihnen versprach. Doch wie sah es mit seinem Liebesleben aus?

Die große Liebe Salomos kam von weit her. Sie gehörte aber nie zu seinen Harem. Die Erzählung über die Herzdame Salomos beginnt damit, dass der weise König gerade den großen Tempel in Jerusalem eingeweiht hat; es muss ein großes, feierliches Ereignis gewesen sein, wenn man bedenkt, dass ihn das Bauprojekt immerhin sieben Jahre lang beschäftigt hat. Nach vollbrachtem Werk sitzt er auf seinem Thron und verkündet immer wieder eines seiner sprichwörtlich gewordenen salomonischen Urteile, als ganz unerwartet eine bezaubernde Frau das Parkett betritt: mit »sehr großem Gefolge, mit Kamelen, die Balsam und eine große Menge Gold und Edelsteine trugen« (1Kön 10,2). Sie ist die sagenumwobene Königin von Saba, einer Region, die man im heutigen Jemen bzw. in Äthiopien verortet. Außer Frage steht, dass Saba ein wichtiger Handelsplatz war. Was die namenlose Königin nach Jerusalem geführt hat, ist hingegen ungewiss. Vielleicht sah sie in Salomo einen Konkurrenten bei der Kontrolle von Karawanenrouten und wollte ihm einen Kontrollbesuch abstatten. Oder sie wollte tatsächlich seine Weisheit prüfen, wie es im biblischen Text heißt. Die Episode am Beginn des 10. Kapitels des ersten Buches der Könige (Verse 1–13) ist bedauerlicherweise sehr knapp gehalten. Vieles bleibt unausgesprochen und lässt sich nur zwischen den Zeilen erahnen. Und doch entsteht der Eindruck, dass es zwischen den beiden zu mehr gekommen ist als nur zu einem außenpolitischen Treffen.

Salomo selbst ist bei dieser Begegnung schon nicht mehr der Jüngste, doch die ebenso kluge wie liebreizende Königin von Saba vermag die müden Geister des Königs zu wecken. Seine Zuneigung zu ihr, die für Salomo ungewöhnlichen Emotionen, all das wird bei ihrem ersten Treffen spürbar. Und da Salomo ein ziemlicher Macho gewesen sein muss, gibt er auch in vollen Zügen an. Erst zeigt er ihr seinen Reichtum, dann führt er sie durch seinen Palast, wo er ein großes Festmahl ausrichten lässt, und schließlich geht er mit ihr noch zum Tempel, um dort ein Brandopfer darzubringen. Die biblischen Autoren schreiben, Salomo habe der Königin alles gewährt, »was sie wünschte und begehrte« (1Kön 10,13). Eine etwas eigenartige Bemerkung, wenn man bedenkt, dass die äußerst wohlhabende Königin von Saba wohl kaum mit materiellen Wünschen an ihren Konkurrenten herangetreten sein dürfte.

Dass es zwischen den beiden nicht nur zu einem Festessen und einer Sightseeingtour gekommen sein dürfte, deutet der Text nur an, indem er die Wendung »zu einem Mann hingehen« (1Kön 10,2) gebraucht, die im biblischen Sprachgebrauch mehrfach als Umschreibung für den Geschlechtsverkehr belegt ist. Die Fortsetzung des Textes – »und sie redete zu ihm alles, was in ihrem Herzen war« (1Kön 10,2) – zeugt zudem von einer großen Nähe und Vertrautheit zwischen Salomo und der schönen Fremden. Und das, obwohl sich die beiden erst seit ein paar Stunden kennen. Auch ist das Rätselspiel, welches zwischen König und Königin stattfindet (1Kön 10,3) als ein fixer Bestandteil altorientalischer Hochzeitsfeierlichkeiten überliefert und kann deshalb in unserem Kontext als eine weitere Anspielung auf den unmissverständlichen Charakter ihrer Beziehung gewertet werden.

Warum es trotz der anscheinenden Liebe auf den ersten Blick nicht zu einer pompösen Hochzeit gekommen ist, lässt die Bibel offen. Vielleicht wollte die Königin von Saba nicht eine von tausend Frauen sein, vielleicht hat es Salomo im entscheidenden Moment nicht verstanden, ihr den Unterschied zwischen seinen Zweckehen und ihrer gegenseitigen Verbundenheit und Zuneigung deutlich zu machen. Fakt ist, dass gerade die eine Frau, die Salomo offensichtlich liebgewonnen hat, nicht seine Ehefrau wird, sondern nach Saba zurückkehrt. König Salomo und die Königin von Saba entfernen sich voneinander und das Happy End bleibt aus – so zumindest im biblischen Text.

Anders im äthiopischen Epos *Kebra Negest*: Salomo läuft seiner Königin hinterher und lädt sie zum Essen ein. Nach dem Gelage, als die beiden allein sind, geben sie sich dem Zauber zwischen ihnen hin und verbringen eine leidenschaftliche Nacht miteinander. Der Sage nach kehrt die Königin von Saba schwanger in ihre Heimat zurück und bringt in Äthiopien ihren Sohn Menelik zur Welt. Und so hieß es in der alten Verfassung vom Kaiserreich Äthiopien aus dem Jahr 1955 noch, dass die »kaiserliche Würde des äthiopischen Herrschers ohne Unterbrechung von der Dynastie des Menelik, des Sohnes aus der Vereinigung zwischen der Königin von Saba und dem König Salomo von Jerusalem, entstanden ist.« Irgendwie doch ein Happy End also.

KANNST DU NACH DEM SEX NICHT EINE ZIGARETTE RAUCHEN WIE JEDER ANDERE AUCH?

10. Senioren im Liebestaumel

»Sex im Alter« findet in den modernen westlichen Gesellschaften kaum Beachtung. Die gesamte Sex-Industrie ist vorwiegend auf junge, schöne und makellose Körper fokussiert und auf eine Sexualität, die mehr mit sportlicher Hochleistung als mit Zuneigung und Zärtlichkeit zu tun hat. Auch wenn die biblischen Texte vor einem ganz anderen gesellschaftlichen Hintergrund entstanden sind, kennen sie doch die Herausforderung des Altwerdens und Sexualität spielt wie selbstverständlich eine große Rolle. So erzählt die Bibel von Ehepartnern, die im hohen Alter noch Kinder bekommen, von älteren Männern mit Potenzproblemen, aber auch solchen, die ihre sexuellen Triebe nicht zähmen können ...

Alt-Sein und Alt-Werden ist nicht nur ein biologischer, es ist vor allem auch ein gesellschaftlicher Prozess. Denn je nach Selbst- oder Fremdwahrnehmung fühlen wir uns jünger oder älter und schätzen auch unsere Mitmenschen anders ein. So gelten – den Bemühungen emanzipatorischer Denkerinnen zum Trotz – auch heute noch ältere Männer als reif und interessant, während bei Frauen das Altern eher als ein Verwelken und als Verlust an Attraktivität bewertet wird. Ähnlich hartnäckig wie dieses Stereotyp hält sich das Vorurteil, alte Menschen hätten keine Lust mehr auf Sex. Dabei zeigen empirische Untersuchungen, dass ältere Menschen häufig sexuell aktiver sind als die jüngeren Generationen.

In biblischen Texten ist ein Mensch, der ein hohes Alter erreicht, zunächst ein besonders gesegneter Mensch. Viele von ihnen vollbringen noch im hohen Alter beachtliche Leistungen. So wird Adam beispielsweise 930 Jahre alt, sein Sohn Seth immerhin 912. Noah bringt es auf 950 Jahre und baut als Greis noch seine berühmte Arche. Abraham lebt »nur« 175 Jahre, verlässt aber noch als alter Mann seine Heimat, um das Land, das Gott ihm verheißen hat, in Besitz zu nehmen. Und Methusalem, der älteste Mensch der Bibel, stirbt erst mit 969 Jahren, wobei er mit 187 noch seinen ersten Sohn Lamech zeugt. Alles in allem ist die Lage im Alten Testament aber um einiges weniger prekär als in manchen altorientalischen Schriften, in denen beispielsweise von dem sumerischen König Alumin berichtet wird, der rund 67 000 Jahre lang regiert haben soll.

Doch auch dem biblischen Gott musste das extrem hohe Alter seiner Menschenkinder irgendwann wohl übertrieben vorgekommen sein und er entschied, die menschliche Lebensdauer zu begrenzen: »Mein Geist soll im Menschen nicht ewig bleiben [...]. Seine Lebenszeit soll nur 120 Jahre betragen.« (Gen 6,3) Genau so alt wird Mose. Er ist der einzige, der ab dem Buch Exodus diese 120 Jahre erreicht; alle anderen biblischen Gestalten sterben früher. Bei Mose ist zudem auffällig, dass er die ersten 40 Jahre seines Lebens als Adoptivsohn gut behütet am Hof des Pharaos verbringt. Die zweiten 40 Jahre ist er im Exil in Midian, bevor er mit 80 die Vision am brennenden Dornbusch erlebt. Die letzten 40 Jahre verbringt Mose in der Wüste und führt das Volk Israel bis zu den Grenzen des gelobten Landes. Seine Lebensdauer lässt sich also in dreimal 40 Jahre gliedern.

Dieses Beispiel zeigt sehr deutlich: biblische Zahlen haben eine symbolische Bedeutung und es ergibt daher mehr Sinn, sich zu fragen, worin diese bestehen könnte, als sich auf die Suche nach geeigneten Umrechnungsschlüsseln zu machen, die seit dem Beginn der historisch-kritischen Exegese im ausgehenden 18. Jh. mit großer Leidenschaft diskutiert wurden und teils in kopfzerbrecherischer Mathematik mündeten. Bis heute wurde noch keine plausible Lösung gefunden, um diese hohen Altersangaben zu erklären.

In der Bibelwissenschaft gehen einige davon aus, dass anstatt Sonnenjahre Mondjahre gezählt wurden. Methusalems 969 Jahre entsprächen in Mondjahren etwa 78 Lebensjahren, was schon eher im Rahmen des Vorstellbaren läge. Doch leider hat dieser Lösungsansatz einen Haken: Nach der neuen Berechnung hätte Methusalem seinen Erstgeborenen bereits mit ungefähr 15 Jahren gezeugt. Das wäre noch denkbar. Adam allerdings müsste

Seth schon als Zehnjähriger gezeugt haben, Kain und Abel sogar noch früher. Und Henoch, der 365 Jahre alt wurde, wäre schon mit fünf Jahren zum ersten Mal Vater geworden. Andere schlagen vor, die Zahlen als Angabe von Zehnerschritten zu deuten. Doch auch das löst das Problem nicht, denn nach dieser Berechnung hätte Henoch seinen Erstgeborenen Methusalem nämlich immer noch mit sechseinhalb Jahren gezeugt.

Das hohe Alter der Protagonisten mag ein Zeichen der Segensfülle gewesen sein. Nichtdestotrotz gibt es mehrere biblische Texte, die auch auf die Probleme des Alt-Werdens eingehen. Musterhaft ist in diesem Zusammenhang die Darstellung des Buches Kohelet. Es beginnt mit lyrischen Versen über die Jugend: »Freue dich, Jüngling, in deiner Jugend und lass dein Herz guter Dinge sein in deinen jungen Tagen.« (Koh 11,9) Im weiteren Textverlauf werden dann aber klassische Alterserscheinungen beschrieben: Seh- und Gehschwierigkeiten, schwindende körperliche Kraft und eine raue, kratzige Stimme. Es folgen drei sehr schöne, aber erklärungswürdige Bilder: Wenn »der Mandelbaum blüht«, deuten seine weißen Blüten wohl auf das weiße Haar hin. Weiter heißt es: »Die Heuschrecke frisst sich voll«, weshalb sie sich in der Folge nur noch mühsam bewegen kann. Dies verweist auf die schwindende Beweglichkeit im Alter. Und für kurze Zeit nur öffnet sich die Kapernblüte. Sie blüht nur von morgens bis zum Mittag, dann ist sie bereits verwelkt. Deswegen und aufgrund der ihr nachgesagten Heilkraft, auch als aphrodisierendes Mittel, stand sie in der Antike für die Vergänglichkeit und insbesondere für die schwindende männliche Potenz (Koh 12,5).

Wie problematisch dieser letzte Aspekt damals empfunden wurde, wird erst deutlich, wenn man sich bewusst macht, wie viele biblische Texte genau das Gegenteil behaupten. Das Nicht-Schwinden der Zeugungskraft wird durchgehend als besondere Gabe Gottes gedeutet und schließt sogar einige Frauen mit ein, die selbst im hohen Alter noch Kinder gebären können. So bleiben gemäß der biblischen Überlieferung sämtliche Patriarchen auch als Greise noch sexuell aktiv und potent. Sie sind besonders von Gott gesegnet. So wird Abrahams Erbe und Lieblingssohn Isaak erst geboren, als er selbst schon 100 Jahre alt ist, seine Frau Sarah ist da immerhin stolze 90 Jahre alt (Gen 17,17). Auch Jakob ist bereits betagt, als seine Lieblingsfrau Rachel sein jüngstes Kind Benjamin zur Welt bringt (Gen 35,18). Juda wiederum ist nicht nur alt, sondern auch Witwer, als er – ohne sich dessen bewusst zu sein – seine Schwiegertochter Tamar schwängert (Gen 38) [→ Kap. 4], und bei Mose wird explizit hervorgehoben, dass er selbst mit 120 Jahren am letzten Tag seines Lebens noch seine vollständige Zeugungskraft behalten habe (Dtn 34,7). Die Liste der Männer, die trotz fortgeschrittenen Alters Kinder gezeugt haben, setzt sich bis ins Neue Testament fort. Einer von ihnen ist Zacharias, der den Engel zunächst nur belächelt, als er ihm einen Sohn verheißt, nicht aber, weil er an der eigenen Zeugungskraft zweifeln würde, sondern weil seine Frau Elisabeth bereits sehr alt ist. Doch die Verheißung wird sich erfüllen und ihr Sohn ist kein geringerer als Johannes der Täufer (Lk 1,18).

Das Thema »Sex im Alter« ist in der Bibel jedoch nicht auf Zeugung und Geburt von Nachkommen beschränkt. Sie spricht auch offen Themen wie Potenzprobleme und extreme Lüsternheit an. Sehen wir uns zum Beispiel die Erzählung vom alten König David an (1Kön 1): Trotz oder gerade wegen seiner beachtlichen Kinderschar will es ihm nicht gelingen, seine Nachfolge zu regeln. Die Schwäche des Vaters nehmen einige Söhne zum Anlass, sich selbst ins Spiel zu bringen. Amnon und Absalom, die zunächst um die Nachfolge wetteiferten, sind bereits ermordet worden. Adonija ist gerade dabei, sich selbst zum König zu ernennen, als Batseba und der Prophet Nathan versuchen, dem jungen Salomo mit Intrigen auf den Thron zu verhelfen. David selbst ist alt, einsam und steht unter Druck, was sich unter anderem in Potenzproblemen äußert. Der biblische Text umschreibt die Problematik mit den Worten: »Es wurde dem König nicht mehr warm« (1Kön 1,1). Ein Problem, das den scheidenden Regenten offenbar mehr besorgte als die Schlichtung des Thronfolgestreits, denn anstatt dem innenpolitischen Machtkampf ein Ende zu setzen, lässt er ein junges, hübsches Mädchen rufen, das ihm »förderlich sein soll« – so die wörtliche Übersetzung des hebräischen Ausdrucks *we'amda* – und das dazu beauftragt ist, »in seinem Schoß zu liegen« (1Kön 1,2).

Abischag, so der Name des Mädchens, ist keine reine Altenpflegerin, aber sie ist auch keine Prostituierte. Sie wird als Jungfrau vorgestellt und ihre Aufgabe ist es, die ermatteten Sinne des Königs wieder zum Leben zu erwecken. Trotzdem wird im Text explizit festgehalten, dass David keinen Geschlechtsverkehr mit ihr hatte (1Kön 1,4). Das ist ein wichtiger Hinweis, weil mit der Geburt weiterer Söhne die Regelung der Nachfolge noch komplizierter geworden wäre. Andererseits bringt der Text damit auch zum Ausdruck, dass es nicht einmal mehr einer jungen Schönheit gelingt, David sexuell zu erregen. Der Verlust seiner Potenz geht Hand in Hand mit dem Machtverlust auf politischer Ebene und unterstreicht diesen noch. Als König David schließlich stirbt, scheint Abischag nichtsdestotrotz als seine Witwe behandelt zu werden, denn Adonija, der noch immer die Königswürde anstrebt, erklärt sofort, sie heiraten zu wollen (1Kön 2,17). Der erhoffte Vorteil stellt sich jedoch nicht ein, denn sein Halbbruder und Konkurrent Salomo durchschaut und unterbindet den Plan. Adonija wird kurz darauf auf Salomos Befehl getötet (1Kön 2,15) und Salomo besteigt den Thron. Über das weitere Schicksal des jungen Mädchens, das den alten König David »wärmen« sollte, wird hingegen nichts mehr berichtet.

König David ist nicht der Einzige, der im Alter Potenzprobleme hat. So beschreiben die biblischen Autoren ziemlich detailliert, wie sich die arme Rut plagen muss, um Boas müdes Glied zu »erwecken« (Rut 3,6–10). Nach einem ausführlichen Vorspiel, das sich vom Abend, als sie sich zu Boas legt, bis nach Mitternacht erstreckt, gelingt es Boas immerhin, mit der jungen Frau Sex zu haben. Mehr noch, er scheint in einem regelrechten Liebestaumel zu geraten, denn er preist die junge Frau in den höchsten Tönen und verspricht, ihr jeden Wunsch zu erfüllen [→ Kap. 11].

Ganz anderes berichtet eine in zwei unterschiedlichen griechischen Fassungen überlieferte Erzählung von zwei betagten lüsternen Voyeuren. Die Geschichte handelt von Susanna, einer, wie könnte es anders sein, jungen und attraktiven Frau. Gemeinsam mit ihrem reichen Ehemann namens Jojakim lebt sie in Babylon und ist gottesfürchtig (Dan 13,1–2). Sie pflegt zur Mittagszeit im Garten spazieren zu gehen. An einem warmen Tag will sie dort ein Bad nehmen und lässt die Tore des Hauses schließen. Allerdings wird sie schon länger von zwei alten Richtern beobachtet, die regelmäßig im Haus des Jojakim verkehren und wegen Susanna heftigen Liebeskummer haben. Schließlich begehren sie die Schönheit leidenschaftlich (Dan 13,10–14). Während Susanna badet, schleichen sie sich in den Garten und beobachten sie. Der Anblick der nackten Frau erregt sie so sehr, dass sie ihre Triebe nicht mehr zügeln können. Die Männer überraschen sie und da ihnen klar ist, dass Susanna in eine *ménage à trois* nicht einwilligen würde, drohen sie ihr mit Verleumdung: »Wir brennen von Verlangen nach dir: Sei uns zu Willen und gib dich uns hin! Sonst sagen wir als Zeugen gegen dich aus.« (Dan 13,20–21) Da die liebestollen Alten zu zweit sind, hat Susanna keine Chance, denn nach dem mosaischen Gesetz führt der Ehebruch vor zwei Zeugen unweigerlich zum Todesurteil. Susanna hat also die Wahl, sich den beiden hinzugeben und als Ehebrecherin weiterzuleben oder tugendhaft zu sterben. Sie entscheidet sich für ihre Ehre und ist bereit zu sterben. Als sie sich dann den beiden Alten widersetzt, schreien diese so laut, dass die Hausangestellten in den Garten strömen und entsetzt sind, ihre Herrin dort zwischen den Männern zu sehen. Susanna wird der Gerichtsbarkeit übergeben, wo ihr vor dem ganzen Volk der Prozess gemacht wird.

In einer anderen Version der Geschichte, die in nur wenigen griechischen Handschriften überliefert ist, wird Susanna von den beiden alten Voyeuren gar vergewaltigt, setzt sich aber tatkräftig zur Wehr. Als Rache dafür schmieden diese den Plan, die Frau des Ehebruchs zu bezichtigen. In beiden Varianten kommt es also zur Anklage. Die alten Männer sind einflussreiche und angesehene Bürger und glaubwürdige Funktionsträger. So hat Susanna keine Chance und wird verurteilt. In der zweiten Version heißt es sogar, die beiden Alten hätten Susanna in ihrer Geilheit befohlen, sich vor dem versammelten Volksgericht auszuziehen.

Als alles für die Vollstreckung des Urteils bereitsteht, kommt es aber zu einer unerwarteten Wendung. Der junge Daniel tritt auf den Plan. Als Einziger hat er die Lüsternheit der Männer erkannt und überführt sie, indem er sie in getrennten Verhören zu dem Baum befragt, unter dem der Ehebruch stattgefunden haben soll (Dan 13,51–62). Sein Plan geht auf. Die beiden Ältesten widersprechen sich und das Leben der keuschen Susanna ist gerettet. Ihre Kläger müssen sterben, allerdings nicht, weil sie versucht haben, die junge Frau zum Geschlechtsverkehr zu zwingen, oder weil sie sie gar vergewaltigt haben, sondern weil sie vor Gericht eine Falschaussage gemacht haben.

Eine dramatische Erzählung, die einmal mehr zeigt, dass Sexualität an sich und Sexualität im Alter in der Bibel in unterschiedlichen Facetten dargestellt wird. Sie kommt als dreister Übergriff und Machtmissbrauch vor, wie bei Susanna und den Voyeuren, als Auftakt für einen erfüllenden Neuanfang, wie bei Rut und Boas, als nicht mehr einzulösende Sehnsucht, wie bei König David, oder als erfülltes und mit Nachkommen gesegnetes Eheleben, wie die vielen Beispiele von Abraham bis Zacharias zeigen. Kurzum, sie ist in der Bibel ein Thema und kein Tabu, wie leider noch so oft in unserer so aufgeklärten Moderne.

11. Die feine Art der weiblichen Verführung

Die Frau – eines der gefährlichsten Geschöpfe Gottes. Ob als Sirene, Nixe oder Hexe, sie besticht mit ihrer Schönheit, verführt, täuscht, manipuliert, intrigiert und kennt einfach keine Gnade. Diese Motive durchziehen die Darstellungen des Weiblichen in Mythen, Legenden, Romanen, in der bildenden Kunst oder in Opern. Der französische Begriff der femme fatale bringt diese Eigenschaften auf den Punkt. Auch die Bibel kennt solche Frauen, aber auch solche, die ihre Reize einsetzen und so an Gottes Heilsplan mitwirken.

In der Mitte des 2. Jh. n. Chr. schrieb ein anonymer Christ einen kurzen theologischen Traktat. Um seinem Text mehr Autorität zu verleihen, fingierte er die Autorschaft und tat so, als ob es ein Brief des Apostels Paulus sei. Dieser war zum damaligen Zeitpunkt allerdings bereits mehr als ein halbes Jahrhundert tot. Anders als die echten Paulusbriefe, die – mit Ausnahme des sehr kurzen Briefes an Philemon – alle an eine Gemeinde adressiert sind, richtet sich dieses Schreiben an eine Einzelperson, und zwar an die fiktive Gestalt des Timotheus. In der Bibel ist der Text daher als »erster Brief an Timotheus« überliefert. Der Name Timotheus bedeutet übersetzt »derjenige, der Gott ehrt« und kann daher als Anrede für jeden beliebigen Christen verwendet werden. Die frühchristliche Tradition kannte aber auch einen ganz konkreten Timotheus. Er war einer der engsten Mitarbeiter des Paulus und leitete die Gemeinde in Ephesus. Der Titel des Briefes könnte daher auch eine Anspielung auf diesen Timotheus gewesen sein.

Gleich zu Beginn des Textes hebt der Verfasser hervor, welche Rolle die Frau zu Hause und in der Gemeinde einzunehmen hat (1Tim 2,8–15). Im Hintergrund stehen sehr wahrscheinlich Konflikte mit einer oder mehreren Frauen in der Gemeinde von Ephesus, was möglicherweise auch die harschen Formulierungen erklärt: »…die Frauen sollen sich in würdiger Haltung mit Schamhaftigkeit und Sittsamkeit schmücken, nicht mit Haarflechten und Gold oder Perlen oder kostbarer Kleidung, sondern mit dem, was Frauen geziemt, die sich zur Gottesfurcht bekennen, durch gute Werke. Eine Frau lerne in der Stille in aller Unterordnung. Ich erlaube aber einer Frau nicht zu lehren, auch nicht über den Mann zu herrschen, sondern ich will, dass sie sich in der Stille halte …« (1Tim 2,9–12) Die Begründung, die dafür angegeben wird, sollte eine fatale Wirkungsgeschichte entfalten und über Jahrhunderte das Hauptargument für jede religiös begründete Diskriminierung der Frau bleiben – ganz gleich, ob im Kontext der Hexenverfolgung oder wenn es heute darum geht, Frauen nicht zur Priesterweihe zuzulassen: »Nicht Adam wurde verführt, sondern die Frau ließ sich verführen und kam zu Fall.« (1Tim 2,14)

Von der Verführten zur Verführerin war es dann nur noch ein kleiner Schritt. Nach Ansicht vieler Rabbiner sowie beinahe aller frühchristlichen Gelehrten soll Eva schnell gelernt haben, ihre körperlichen Reize dazu einzusetzen, Adam zu beeinflussen und zu lenken. Rasch entstand das Schreckensbild der Frau, die schamlos ihre Sexualität einsetzt, um die Männer zu verführen. Thomas von Aquin, der bedeutendste Theologe des Mittelalters, betitelt sie als »missratener Mann«, andere sehen in der Frau gar den Ursprung allen Übels. Bereits Aristoteles argwöhnte, dass ihr Anmut, ihr Charme und ihre Sinnlichkeit, aber auch ihr Parfum, ihr Schmuck, ihr Haar und ihre Art sich zu kleiden zu viele Reize auf die Sinne des Mannes ausüben und ihn in seiner rationalen Urteilskraft massiv beeinträchtigen würden. Kontakt mit Frauen galt daher als äußerst gefährlich. Am besten also, so rät es zumindest der heilige Franz von Assisi, ein Mann schaue stur auf den Boden, wann immer er einer Frau begegnet.

Die größte Gefahr besteht nicht nur in der Verführung des Mannes zum Sex, sondern auch darin, aufgrund der weiblichen

List vom rechten Glauben abzufallen. So wird beispielsweise Adam als erstes Opfer einer Frau inszeniert [→ Kap. 1] und König Salomo erscheint als tragischer Held, der von seinen zahlreichen ausländischen Frauen derart betört und in die Irre geführt wird, dass er sich am Ende sogar deren fremden Gottheiten hingibt (1Kön 11,4–5), was Gott mit der Teilung seines Reiches bestraft [→ Kap. 9].

Doch Salomo ist nicht der einzige König, dessen Schwäche für Frauen zu politischem Schaden führt. Ähnlich schlimm ergeht es König Ahas, der sich mit Isebel, einer – wie es scheint – besonders durchtriebenen Prinzessin einlässt (1Kön 16,31) und sich von ihr zum Götzendienst überreden lässt. Als Isebel später versucht, den sehr frommen König Jehu mit geschminktem Gesicht und geschmücktem Haar zu verführen, lässt dieser sie sogleich – ohne sie zuvor anzusehen (!) – aus dem Fenster werfen, befiehlt, den Leichnam Isebels als Dünger auf den Feldern zu verteilen und setzt dann in aller Ruhe sein Festmahl fort (2Kön 9,30–37).

Als ebenso gefährlich und boshaft wird die namenlose Frau des ägyptischen Beamten Potifar dargestellt (Gen 39). Nachdem Josef von seinen eifersüchtigen Brüdern als Sklave verkauft worden ist, kommt er nach Ägypten und erhält die Aufgabe, Potifars Besitz zu verwalten, während sich dieser nur noch den essenziellen Belangen wie Essen und Trinken widmet. Alles in allem ist Potifar eher ein Langweiler, möglicherweise sogar ein Eunuch. Josef hingegen ist attraktiv und voller Energie. Das bleibt auch Potifars Frau – im Koran heißt sie Sulaika – nicht verborgen. Sie setzt daher all ihre Verführungskünste ein und macht Josef, der sie abblitzen lässt, recht unmissverständlich klar, was sie von ihm will: »Schlaf mit mir!«, sagt sie ganz unverblümt (Gen 39,12).

In keinem anderen biblischen Text findet sich eine derart eindeutige Aufforderung einer Frau zum Sex. Doch Potifars Frau hat bei Josef keinen Erfolg, weshalb sie ihn schließlich sogar zum Sex nötigen will. Josef gelingt es zwar, halbnackt zu fliehen, doch aus der verschmähten Liebe wird Hass: Die Herrin lässt das Gerücht verbreiten, Josef habe versucht, sie zu vergewaltigen. Dadurch gerät Potifar in eine schwierige Situation. Natürlich muss er Josef dafür bestrafen. Da er möglicherweise aber auch Zweifel an der Tugendhaftigkeit und Aufrichtigkeit seiner Ehefrau hat, lässt er Josef nicht gleich töten, sondern erst einmal ins Gefängnis werfen. Von dort aus wird Josef Schritt für Schritt seinen legendären Aufstieg zum obersten Beamten des Pharaos antreten. Der verweigerte Sex mit der boshaften und hinterlistigen Frau des Potifars wird für ihn nur eine Episode auf dem Weg in eine glorreiche Zukunft bleiben.

Deutlich schlechter ergeht es dagegen Johannes dem Täufer. Das Neue Testament geht prinzipiell sehr sparsam mit intimen Informationen zum Sexualleben seiner Protagonisten um, doch ein Paradebeispiel für die Gefährlichkeit der weiblichen Reize durfte auch hier nicht fehlen. Herodes Antipas, der Landesherr von Galiläa, lässt sich nämlich von der Tochter seiner Liebhaberin zu einem leichtfertigen Versprechen hinreißen: Vom erotischen Tanz der hübschen Salome – ihr Name ist einmal mehr nur in außerbiblischen Quellen belegt – verleitet, gewährt der Regent dem Mädchen einen freien Wunsch. Und da sich Salome, angestachelt von der Machtgier ihrer Mutter, den Kopf von Johannes dem Täufer wünscht, muss dieser wohl oder übel enthauptet und den Damen auf einem Silbertablett serviert werden (Mt 14,6–12; Mk 6,22–28) [→ Kap. 7].

Weibliche Verführung, so wie sie die Bibel schildert, kann also durchaus fatale Folgen haben. Doch die Bibel liefert auch eine ganze Reihe von positiven Gegenbeispielen.

So erzählt sie etwa von Judit und Debora, die ihre Verführungskünste einsetzen, um das Volk Israel vor seinen Feinden zu retten [→ Kap. 11]. Auch Esther setzt ihre Schönheit und Sinnlichkeit dazu ein, die Juden im Perserreich vor der möglichen Ausrottung zu retten (Est 5). Und schließlich ist es Rut, von der überraschend positiv erzählt wird, obwohl sie als Moabiterin eine Ausländerin ist und noch dazu eine Meisterin der Verführung gewesen sein dürfte. Ihr ist ein ganzes biblisches Buch gewidmet.

Rut ist eine attraktive und vor allem starke Frau. Sie stammt aus Moab und gehört somit zu einem Volk, das von den Juden eigentlich verachtet wird. Die Mitglieder anderer Völker haben andere Sitten und verehren fremde Götter, sodass sich ein guter Israelit besser von ihnen fernhält und abgrenzt. Die Moabiter hatten außerdem dem Volk Israel nicht geholfen, als es in der Wüste herumirrte (Num 22–25), sodass Mose feierlich verkündete: »Ein Moabiter darf nicht in die Versammlung Gottes … für immer.« (Deut 23,4) Diese ansonsten so negative Bewertung einer auch sexuell enthemmten Frau aus dem Ausland wird im Verlauf des Rut-Buches zusehends korrigiert. Ihr Verhalten wird durchweg positiv gedeutet und am Ende heißt es sogar, dass sie die Urgroßmutter von König David sein wird. Das ist umso überraschender, als ihr Verhalten nicht immer moralisch einwandfrei ist, im Gegenteil, Rut geht mit ihren Reizen recht freizügig um, egal ob Männern oder Frauen gegenüber.

Ihr Leben war nicht immer leicht. Sie hatte einen Mann aus Bethlehem geheiratet, doch zehn Jahre lang gelingt es ihr nicht, Kinder zu bekommen. Dann stirbt ihr Mann und sie wird Witwe. Anstatt sich einen anderen Mann zu suchen, beschließt sie, bei ihrer ebenso verwitweten Schwiegermutter Noomi zu bleiben. Diese Entscheidung ist für die damalige Zeit äußerst ungewöhnlich, denn in einer Gesellschaft, in der nur die Männer erwerbstätig sein konnten, waren zwei kinderlose Witwen hilflos der Armut und letztlich dem Tod ausgeliefert. Trotzdem lässt sich Rut nicht beirren: »Ich will mit dir gehen. Wo du hingehst, will ich auch hingehen, und wo du lebst, will ich auch leben.« (Rut 1,16), sagt sie zu ihrer Schwiegermutter. Somit bekennt Rut ihre Loyalität zu Noomi. Vor allem aber unterstreicht ihre Aussage die Qualität der Beziehung und der gegenseitigen Zuneigung der beiden Frauen.

Vergleicht man die Textpassage mit ähnlichen Formulierungen, entsteht sogar der Eindruck, es handle sich um den Treueschwur einer Liebenden, was u. a. dazu geführt hat, dass die Worte gerne als Trauspruch bei kirchlichen Hochzeiten verwendet werden. Dabei wissen die wenigsten, dass es sich um ein Versprechen handelt, das – im biblischen Original – eine Frau an eine andere Frau richtet. Und noch eine Beobachtung ist dabei interessant: Das hebräische Verb *dabak* – »mitgehen, anhängen« (Rut 1,14) – wird auch am Beginn des Genesisbuches (Gen 2,24) verwendet, wo es die Ehe zwischen Mann und Frau beschreibt. Welche Art von Beziehung Rut mit ihrer Schwiegermutter eingehen wollte, kann heute nur gemutmaßt werden [→ Kap. 8]. Hinter ihren Worten den Auftakt für eine gleichgeschlechtige Liebesbeziehung zu sehen, ist im Kontext des damaligen, streng patriarchalen Systems ziemlich gewagt. Sehr wohl aber haben wir es mit der Entscheidung für ein Lebensbündnis von zwei Frauen zu tun. Der Erzählung zufolge kehren die beiden Frauen in Noomis Heimatstadt Bethlehem zurück.

Rut ist jetzt nicht nur eine kinderlose Witwe, sie lebt noch dazu in einem fremden Land. Anstatt arm und ausgegrenzt ihr Dasein zu fristen, nimmt sie ihr Schicksal in die Hand. Als sie auf der Suche nach Nahrung dem reichen Boas begegnet, rät Noomi ihr: »So bade und salbe dich und leg dein Festkleid an und geh zur Tenne hinab! Lass dich von dem Mann nicht bemerken, bis er fertig ist mit Essen und Trinken. Und wenn er sich hinlegt, dann merke dir die Stelle, wo er sich hinlegt, und geh hin und decke den Platz seiner Füße auf und lege dich hin. Er wird dir dann sagen, was du tun sollst.« (Rut 3,3–4) Gesagt, getan. Doch allzu subtil dürfte Rut dabei nicht vorgegangen sein, denn das Vokabular, das die biblischen Autoren gebrauchen, ist sehr eindeutig. Ein paar Verse weiter heißt es nämlich, Rut sei zu Boas gegangen und habe ihm den Platz seiner Füße aufgedeckt (Rut 3,7). Die »Füße« sind in der hebräischen Sprache auch eine Umschreibung für die männlichen

Geschlechtsteile. Was dann folgt, ist sehr vermutlich eine Stimulierung seines Gliedes. Der alte, nicht mehr ganz nüchterne Mann reagiert zwar nicht gleich, spürt aber schließlich, dass sich etwas an ihm regt, er richtet sich auf, um zu ergründen, was da vor sich geht (Rut 3,8). Dabei dürfte er sich wie ein Gentleman verhalten haben, denn er erkundigt sich immerhin nach dem Namen der Frau. Boas kennt Rut bereits von der Erntezeit, und sie nutzt die Gelegenheit, um ihm sofort unmissverständlich klar zu machen, dass sie mit ihm schlafen will. In modernen Bibelübersetzungen werden ihre Worte gern umschrieben. Da ist meist vom Ausbreiten des »Saumes des Mantels« oder der »Flügel« die Rede. Das hebräische Wort *kanap* bedeutet aber eigentlich »Extremität« und wird dafür verwendet, die Eichel bzw. das ganze männliche Glied zu bezeichnen. So wie in zwei Sexualvorschriften in Deuteronomium 23,1 und 27,20 ist auch diese Stelle als eine unmissverständliche Aufforderung zum Geschlechtsverkehr zu interpretieren (Rut 3,9).

Boas jedenfalls ist von den Avancen der schönen Fremden sehr angetan, mehr noch, es folgt eine Textpassage, die man als eine in der Bibel einmalige Beschreibung eines Orgasmus deuten kann. Am Höhepunkt der Lust angelangt, ruft der alte Mann nämlich begeistert aus: »Gesegnet bist du vor Gott, meine Tochter!« (Rut 3,10), und noch bevor sie sich voneinander trennen, verspricht er sichtlich zufrieden: »Alles, was du sagst, werde ich für dich tun.« (Rut 3,11)

Die Verführungskünste der Moabiterin waren letztlich erfolgreich und münden in eine Hochzeit, die sowohl Rut als auch ihrer geliebten Noomi eine materiell gesicherte Zukunft verspricht. Mehr noch: Aus der Ehe geht ein Sohn hervor, der der Großvater des großen Königs David sein wird.

Mit diesem Beispiel einer geschickten Verführerin aber hebt sich das Alte Testament klar von den frauenfeindlichen Ansichten im Timotheus-Brief ab, die jahrhundertelang die christliche Verkündigung geprägt haben. Im Alten Testament wird die weibliche Verführung eben nicht nur als gefährlich oder gar bösartig gedeutet. Vielmehr begegnen wir auch Frauen, die ihre Reize sehr gezielt einsetzen und damit zur Verwirklichung der Heilsgeschichte Gottes maßgeblich beitragen.

12. Von Gott betrogen

Das Vorgehen im Fall von Ehebruch ist im Alten Testament von sehr klaren Gesetzen strikt geregelt. Diese werden im Neuen Testament noch verschärft. Hier wird bereits das Begehren einer anderen Frau als Ehebruch gewertet. Gott selbst allerdings braucht sich wohl nicht an diese Gesetze zu halten. Wenn (ein) Gott – und zwar ganz gleich, in welcher Religion – eine verheiratete Frau verführt, ist das meistens kein Problem. Im Gegenteil: Die daraus hervorgehenden Kinder werden in der Regel große Taten vollbringen.

Das Leben des Brian, die Komödie der britischen Komikergruppe Monty Python, galt in den frühen 1980er-Jahren in konservativen christlichen Kreisen als Blasphemie. Der Film wurde von vielen gläubigen Menschen boykottiert und von nahezu allen christlichen Gemeinschaften geächtet. Dabei hätte man sich viel Aufregung ersparen können, wenn sich so manch ein Kritiker den Film selbst angesehen und ihn nicht sofort zerrissen hätte. Von der ersten Szene an ist nämlich klar, dass nicht Jesus oder die Heilige Familie parodiert werden sollen, sondern die zum Radikalismus tendierenden Gläubigen. Mit dem Schlusslied »Always Look on the Bright Side of Life« hat der Film sogar eine Botschaft, die in Wirklichkeit zutiefst christlich ist. Außerdem haben die Filmemacher gut recherchiert. So wird an einer Schlüsselstelle mitgeteilt, dass Brian, der ohne Vater aufwächst, eigentlich der Sohn eines römischen Zenturios sei. Interessanterweise bezog sich aber keiner der Filmkritiker auf diese These. Dabei kursierte in den ersten Jahrhunderten des Christentums tatsächlich das Gerücht, Maria habe – mehr oder weniger freiwillig – einen One-Night-Stand mit einem römischen Soldaten gehabt. Und tatsächlich wurde in der frühen Kirche der Umstand, dass Maria nicht von ihrem Verlobten schwanger geworden war, keineswegs als unproblematisch empfunden, denn Ehebruch wurde zur damaligen Zeit mit dem Tod bestraft. Das dürfte auch der Grund dafür gewesen sein, weshalb Josef, der heimliche Held der Weihnachtsgeschichte, die junge Frau ohne Aufsehen aus der Verlobung entlassen und damit ihr Leben retten wollte (Mt 1,19). Nur im Lukas- und im Matthäusevangelium erfahren wir von einer jungfräulichen Empfängnis (Mt 1,18–25; Lk 1,26–38), in den anderen Schriften des Neuen Testaments ist davon nichts zu lesen.

Maria ist also schwanger. Sie ist zwar mit Josef verlobt, hatte aber noch nie Geschlechtsverkehr, wie sie selbst dem Engel bei seiner Verheißung gesteht: »Ich erkenne keinen Mann …« (Lk 1,34). Mit dem Verb *gignosko* (kennen, erkennen) gibt der griechische Text des Neuen Testaments das aramäische *yada'* wieder, einen Begriff, den Maria in ihrer Muttersprache durchaus verwendet haben könnte. *Yada'* bedeutet ebenfalls »kennen, erkennen« und bezeichnet im Fall einer Beziehung zwischen Mann und Frau immer ein »sexuelles Kennen«, das zur Zeugung von Kindern führt. Da Jesus aber keinen geringeren als Gott selbst zum Vater hat, konnte oder durfte ein solches Erkennen eines Mannes zum Zeitpunkt der Empfängnis (noch) nicht stattgefunden haben. Die Gestalt des Josef rückte folglich in den Hintergrund und geriet über längere Zeit geradezu in Vergessenheit. Ein bisschen ungewöhnlich war die jungfräuliche »Erkenntnis« schon, also wollte man wohl lieber nicht zu viel Wirbel um die Sache machen und nicht zu genau nachfragen. Paulus, von dem die ältesten Texte über Jesus überliefert sind, schweigt wahrscheinlich deswegen völlig über Maria: Jesus sei von einer Frau geboren (Gal 4,4), das musste zunächst reichen!

Das Erzählmotiv einer verlobten oder verheirateten Frau, die mit einem Gott oder einem anderen himmlischen Wesen fremdgeht – wobei die Frauen in der Regel keine realistische Chance hatten, sich zu widersetzen –, ist keine Besonderheit des

Christentums, sondern in der religiösen Literatur vieler Völker weit verbreitetet. So hat beispielsweise die Geburt der Inkarnation Krishnas, des höchsten Gottes des Hinduismus, eine ganze Reihe von Parallelen mit der Menschwerdung Gottes in Jesus Christus. Da schwängerte der Gott Vishnu die schöne Devaki, die Ehefrau von Vasudeva. Auch Buddha wurde mit seiner weltlichen Mutter, der Königin Maya, von einem Gott gezeugt, der ihr im Traum als weißer Elefant erschien. Auf ähnliche Weise empfing Zarathustras Mutter ihren Sohn dank der Intervention des Gottes Ahura Mazda. Ihr Ehemann Pourusaspa war sehr fromm und glaubte den Schilderungen seiner Frau. Solche Geschichten finden wir auch bei den Azteken und Maya, bei den antiken Ägyptern und Persern und selbstverständlich auch bei den Griechen und Römern. Es wimmelt also nur so von Göttern, die ihre himmlischen Gefilde verließen, um mit anmutigen Mädchen und schönen Frauen ihr Liebesleben auszukosten. Aus diesen Beziehungen entstehen Kinder, die als Halbgötter gelten. Was dem Menschen also verboten ist, nämlich durch außerehelichen Geschlechtsverkehr die Erblinie eines anderen Mannes zu verunreinigen, ist für Götter offenbar kein Problem. All diese Erzählungen haben noch etwas gemeinsam: Wenn sich ein Gott mit einer sterblichen Frau einlässt, dann sind die daraus hervorgehenden Kinder – in der Mehrzahl handelt es sich um Söhne – zu großen Taten erwählt. Vielleicht ein schwacher Trost für die betrogenen Ehemänner.

Einen direkten Vergleich zur griechisch-römischen Mythologie wollten die Evangelien wohl unbedingt vermeiden. Und so bedienten sie sich einer Erzählung, die dem jüdischen Publikum nicht ganz fremd war. Maria war nämlich nicht die erste verheiratete bzw. verlobte jüdische Frau, die infolge des Besuchs eines Engels oder eines anderen himmlischen Wesens ein Kind zur Welt brachte. Schon Sarah, Abrahams Frau, wurde mit über 90 Jahren von einem Engel der erste Sohn verkündet. Damals musste selbst Abraham, der als Urvater aller drei großen monotheistischen Religionen gilt, lautstark lachen, so absurd schien ihm das Vorhaben Gottes angesichts seines fortgeschrittenen Alters und dem seiner Frau (Gen 17,17). Doch der Gott Abrahams lässt sich nicht beirren. Er besucht Sarah, »tut an ihr, wie er geredet hatte« (Gen 21,1), und sie wird schwanger und gebiert einen Sohn, Isaak. Dass Abraham bei der Empfängnis eine Rolle gespielt hätte, wird nirgends gesagt. Isaak hat als Erwachsener ein ähnliches Problem, denn seine Frau Rachel ist zwar nicht alt, aber unfruchtbar. Einmal mehr also muss Gott kräftig mithelfen (Gen 25,21). Wie genau wird nicht erzählt.

Eine vergleichbare Begebenheit wird in einem Text der jüdischen Tradition, dem außerbiblischen zweiten Buch Henochs geschildert. Es ist die Geschichte von der Empfängnis des Priesters und Königs Melchisedek. Seine Mutter Sopanima ist schon sehr alt und ihr Mann Nir nicht mehr fähig, Geschlechtsverkehr zu haben. Daher musste das Kind direkt von Gott gezeugt werden. Für die Familie ist das allerdings alles andere als eine frohe Kunde. Denn Sopanima plagt die Scham und sie versteckt sich. Nir, der übrigens Noahs jüngerer Bruder ist, trägt sich mit dem Gedanken, seine Frau zu verstoßen, doch diese verstirbt noch im Kindsbett.

Nicht Gott selbst, sondern sein Prophet Elisa ist der Protagonist in 2Kön 4, das von einem ähnlichen »Wunder« berichtet: In Schunem, einem Dorf nördlich von Jerusalem, wohnt damals eine reiche Frau, die mit einem viel älteren Mann verheiratet ist. Sie ist eine Bekannte von Elisa, dem Nachfolger des großen Propheten Elija. Sie lässt ihn bei sich wohnen und bewirtet ihn, wenn er in der Stadt ist. Von ihrem Mann erfährt man nichts Näheres. Irgendwann jedoch möchte sich Elisa erkenntlich zeigen und fragt, ob er etwas für die Frau tun könne. Sie reagiert zurückhaltend und Elisa selbst unbeholfen und auch ein wenig naiv. Erst als ihm sein Diener Gehasi sagt, dass die Frau gerne ein Kind hätte, ihr Mann dazu aber zu alt sei, versteht der Prophet, was es zu tun gilt. »Und die Frau wurde schwanger und gebar einen Sohn« (2Kön 4,17), kommentiert der biblische Text daraufhin nüchtern. Die Fortsetzung der Geschichte zeigt, dass die Beziehung zwischen den beiden sehr innig ist und dass sich Elisa für das heranwachsende Kind verantwortlich fühlt. Diesmal also ist es zwar kein Engel, aber ein Prophet Gottes, der den ersehnten Nachwuchs bringt.

Das Richterbuch erzählt eine ähnliche Begegnung zwischen einem Engel und einer Frau, wie später Matthäus und Lukas über Maria und den Engel Gabriel berichten. Die namenlose Frau des Manoachs ist kinderlos, bis ihr ein Engel erscheint und verheißt, dass sie ein Kind gebären wird (Ri 13). Als sie ihrem Mann die gute Nachricht überbringt, ist dieser zunächst verwirrt und verständnislos, wie es ein paar Jahrhunderte später Josef sein wird. Trotzdem arrangiert sich Manoach mit der

Situation und lädt den Engel, den er persönlich für einen normalen Menschen hält, als Dankeschön sogar zum Essen ein. Seine eigene Frau berührt er bis zur Geburt des Kindes nicht mehr, heißt es. Der Sohn des Engels wächst zu einem Mann mit übermenschlichen Kräften heran. Es ist Simson [→ Kap. 6]. Für die Bibel scheint immer klar zu sein, dass bei dieser und anderen wunderbaren Geburten Gott selbst oder einer seiner Engel die Protagonisten waren. Die Beteiligung des jeweiligen Ehemanns oder eines anderen Lovers wird teilweise sogar explizit ausgeschlossen. Auch im Fall von Jesus wollte man sichergehen und jedes Verdachtsmoment gegen seine Mutter ausschließen.

Was im Christentum zur Glaubenswahrheit werden sollte, war anfänglich sehr umstritten. So galt es zwar von Anfang an als sicher, dass Josef nicht der leibliche Vater des kleinen Jesus war, der Argwohn aber, dass irgendetwas nicht ganz mit rechten Dingen zugegangen sei, herrscht schon relativ früh in den rabbinischen Erzählungen. Den ältesten Beleg innerhalb des frühen Christentums liefert Origenes, der wohl populärste christliche Gelehrte seiner Zeit. Er verfasste zwischen 244 und 249 ein Werk, das sich mit den Thesen des platonischen Philosophen Kelsos auseinandersetzt und mit dem Titel *Contra Celsum* (»Gegen Kelsos«) in die Geschichte eingegangen ist. Über Kelsos wissen wir nicht viel. Bekannt ist aber, dass er ein profunder Kenner des Judentums war und das Christentum als dessen Verfälschung betrachtete. Origenes schreibt insgesamt acht Bücher, um Kelsos Thesen zu widerlegen und nimmt dabei ausführlich auf dessen zwischen 176 und 189 entstandenes Hauptwerk *Die wahre Lehre* Bezug. Dort bemüht Kelsos eine unbekannte, wohl jüdische Quelle, um zu beweisen, dass Maria Ehebruch begangen habe und von ihrem Ehemann deshalb verstoßen worden sei. Der Vater ihres unehelich geborenen Kindes sei ein römischer Soldat namens Panthera gewesen und die Geschichte von der Jungfrauengeburt erst später erfunden worden, um die unehrenhafte Abstammung Jesu zu vertuschen.

Im babylonischen Talmud wird derselbe Stoff in zwei unterschiedlichen Traktaten behandelt. Ein »Narr« namens Ben Stada (Sohn des Stada), so heißt es, war mit einer gewissen Mirjam verheiratet gewesen, die ihm untreu war. Gemeinsam mit ihrem Liebhaber namens Panthera hatte sie einen Sohn, Jesus, der später ein Zauberer werden sollte. Auch der Kirchenvater Tertullian kannte eine jüdische Tradition, nach der die Mutter Jesu eine Hure gewesen sein soll, die von einem römischen Legionär geschwängert wurde. Im Frühmittelalter entstand schließlich eine Sammlung jüdischer Sagen unter dem Namen *Toledot Jeschu* (»Die Generationen Jesu«), welche die älteste zusammenhängende Darstellung des Lebens Jesu aus jüdischer Sicht präsentiert. Die unterschiedlichen Versionen des Werkes sind nicht ganz widerspruchsfrei. Jesus wird aber beinahe durchgehend als Sohn des Josef Ben Panthera eingeführt, der mit einer mit einem gewissen Jochanan verheirateten Mirjam Ehebruch begangen haben soll. In manchen Versionen ist Mirjam das unschuldige Opfer einer Täuschung oder gar einer Vergewaltigung, in anderen ist sie Panthera in Liebe zugetan und flieht gemeinsam mit ihm vor ihrem rechtmäßigen Ehemann.

Große Beliebtheit erfreute sich die Geschichte von Maria und Panthera interessanterweise ab der Zeit der Aufklärung. Niemand geringerer als Voltaire schrieb in einem 1736 verfassten Werk *Examen important de milord Bolingbroke ou le tombeau du fanatisme*, die Geschichte von Josef Panthera, der mit Maria ein außereheliches Kind gezeugt hatte, »ist sicherlich glaubwürdiger, natürlicher und mehr im Einklang mit dem, was jeden Tag in der Welt geschieht«.

Als dann im Jahr 1859 ein Grabstein von einem aus der Hafenstadt Sidon stammenden römischen Soldaten mit dem Namen Tiberius Julius Abdes Pantera gefunden wurde, der in der Zeit um Jesu Geburt gelebt hat, kam die Ehebruchsthese rund um Maria und den römischen Soldaten wieder in Schwung. Selbstverständlich beweist der Grabstein nichts anderes als das recht banale Faktum, dass es im frühen 1. Jh. n. Chr. einen römischen Soldaten mit diesem Namen gegeben hat. Doch von den Verschwörungserzählungen war keine ernsthaft an einer seriösen Deutung des archäologischen Fundes interessiert.

Die heute weder belegbare noch widerlegbare Panthera-Legende selbst dürfte ursprünglich in einem christenfeindlichen jüdischen Milieu entstanden sein. Der Name Panthera könnte durch eine Verballhornung von Sohn einer »Jungfrau« – auf Griechisch *parthenos* – zu Sohn »aller Tiere« – auf Griechisch *pan theron* entstanden sein. Wahrscheinlich wurde der griechische Begriff im jüdischen Umfeld nicht verstanden und daher falsch wiedergegeben.

Die Monty Pythons legten jedenfalls seinem Film die Legende zugrunde. So kommt neben dem Stall von Maria und Josef der Sohn der Jüdin Mandy Cohen und des römischen Soldaten Nixus Minimax, mit dem sie eine Affäre hatte, zur Welt: Brian.

13. Besser gar kein Sex

Bereits in den Schriften der frühen Kirchenväter wird Sexualität kritisch bis ablehnend betrachtet. Dabei berufen sie sich auf einige wenige Aussagen im Neuen Testament. Ein biblischer Autor, der dabei besonders gerne zitiert wird, ist Paulus. So wie Petrus und die anderen Apostel beanspruchte er zwar für sich selbst das Recht auf eine Ehefrau (1Kor 9,5) – wenngleich er wahrscheinlich keine passende fand –, predigte aber Enthaltsamkeit und Keuschheit. Damit stellte er die Weichen für eine negative Bewertung der Sexualität, des Körpers und schließlich der Frau. Ein dunkles Erbe, mit dem die Kirche bis heute zu kämpfen hat.

Einen Begriff, der dem heutigen Verständnis von Sexualität nahekommt, kennt die Bibel nicht. Doch während im Alten Testament sowohl offen als auch zwischen den Zeilen von verschiedenen Aspekten des menschlichen Liebeslebens und von Erotik die Rede ist, kommt die Thematik im Neuen Testament nur ganz am Rande vor. Jesus selbst scheint sich für Fragen der konkret ausgelebten Sexualität nicht interessiert zu haben und streift sie im Rahmen seiner Predigten nur sehr selten. Für die ersten christlichen Gemeinden gewann die Frage dann an Bedeutung, doch leider standen diesen kaum neutestamentliche Texte zur Verfügung, auf die sie sich hätten beziehen können. Nirgends ist explizit vom Geschlechtsverkehr die Rede, wenn man einmal von der bis zum Überdruss diskutierten Episode am Beginn des Römerbriefes absieht, in der sich Paulus (möglicherweise) auf das erigierte männliche Glied (*askemosýne*) im Kontext des gleichgeschlechtlichen Analverkehrs bezieht (Röm 1,27). An dieser Stelle geht es, nebenbei erwähnt, aber sehr wahrscheinlich nicht um Homosexualität im Sinne einer gleichberechtigten Partnerschaft, sondern um die in der griechisch-römischen Welt verbreitete Praxis der Knabenliebe, also um Pädophilie.

Sowohl in den Evangelien als auch in den übrigen Schriften des Neuen Testaments waren jedenfalls diejenigen sexualmoralischen Vorstellungen tonangebend, die zur Zeit Jesu innerhalb des Judentums üblich waren. Demnach konnte legitimer Geschlechtsverkehr nur innerhalb einer Ehe zwischen Mann und Frau stattfinden. Begründet wurde dies mit Verweis auf die Schöpfungserzählungen und auf das erste Gebot Gottes:

»Mehret euch!« (Gen 1,24). Auch die Sexualgesetze der Torah galten in der Welt der ersten christlichen Gemeinden weiterhin. So ist anzunehmen, dass für die Frau vorehelicher Geschlechtsverkehr verboten war. Nicht umsonst wird erwähnt, dass Josef darüber nachgedacht hat, seine Verlobte Maria, die ohne sein Zutun schwanger geworden war, zu verstoßen. Für Männer dagegen, auch in der jüdisch geprägten Weltvorstellung Jesu, war Sex vor der Ehe kein Problem, vorausgesetzt, sie achteten bei der Wahl der Frau darauf, dass diese weder verheiratet noch verlobt war. Alles aber, was gegen die Schöpfungsordnung zu verstoßen schien, konnte nicht von Gott gewollt sein und war folglich verboten. Daher ist in den Texten des Neuen Testaments selten von Sex die Rede und wenn, dann wird überwiegend davor gewarnt. Das wiederum führt dazu, dass die grundsätzlich positive Haltung des Judentums gegenüber der Sexualität im Christentum kaum noch spürbar ist. Das hat in erster Linie mit der Wirkungsgeschichte der Texte zu tun und nicht so sehr mit der Bedeutung, die den Texten ursprünglich, also zur Zeit ihrer Entstehung, zukam.

Wie in den meisten antiken Gesellschaften stellte auch in der jüdischen Welt zur Zeit Jesu eine ungewollte Schwangerschaft außerhalb bzw. vor der Ehe ein Problem für die Stabilität der Großfamilie und indirekt für die Gesellschaft als Ganze dar. Daher legte man großen Wert auf die Keuschheit von jungen Mädchen und Ehefrauen. Eine Gattin, die unangetastet in die Ehe ging, galt als gutes Vorzeichen für ein zufriedenes und glückliches Eheleben. Die Hauptaufgabe des Vaters gegenüber dem künftigen Ehemann seiner Tochter bestand folglich darin, ihre Jungfräulichkeit zu bewahren, damit das Mädchen diese wiederum dem ihr nach dem Gesetz rechtmäßig angetrauten Mann schenken konnte. Damit dabei nichts schiefging, wurden die Mädchen so früh wie möglich verheiratet. Meist kam es schon kurz nachdem sie ihre sexuelle Reife erlangten zur Verlobung. Für Männer galt diese Regel nicht. Im Gegenteil, sie durften ihre sexuelle Freiheit ausgiebig genießen und heirateten meist erst relativ spät, nämlich dann, wenn sie in der Lage waren, materiell für Frau und Kinder zu sorgen.

Wenn wir heute die Regeln von damals lesen und interpretieren, sollten wir uns dessen bewusst sein, dass gerade das Vorhandensein strenger schriftlicher Gesetze oft darauf hindeutet, dass das tatsächliche Verhalten der Menschen deutlich offener gewesen sein dürfte. Denn je freizügiger die Praxis war, desto stärker wurden mithilfe der Gesetzgebung klare Grenzen gezogen. Was wirklich in den Schlafzimmern, in den Zelten, auf den Feldern, in den Tennen, Ställen oder Wäldern zwischen Männern und Frauen oder unter Männern und unter Frauen passierte, lässt sich gut zwei Jahrtausende später nicht mehr rekonstruieren.

Vieles deutet darauf hin, dass auch die neue jesuanische Bewegung diese ursprünglich jüdischen Gesetze teilte und die ersten Gläubigen zumindest für einige Jahrzehnte versucht haben, ihr Leben danach auszurichten. Betrachtet man die spärlichen neutestamentlichen Passagen zu sexuellen Fragestellungen einmal näher, muss man sogar annehmen, dass die Jesusbewegung manche jüdischen Sexualvorschriften sogar strenger auslegte, als es im Judentum üblich war. Das liegt daran, dass einige der ersten Jüngerinnen und Jünger Jesu ursprünglich einer wohl besonders strengen Strömung innerhalb des Judentums angehört haben dürften. Das klassische Beispiel dafür liefert das Matthäusevangelium: Kurz nachdem Jesus auf einem Berg die Seligpreisungen vorgetragen hat, erklärt er recht unvermittelt, dass »starke erotische Gefühle«, wie sie durch das bloße Betrachten einer Frau zustande kommen können, bereits eine Form von Ehebruch darstellen. Wörtlich heißt es: »Jeder, der eine Frau ansieht, um sie zu begehren, hat in seinem Herzen schon die Ehe mit ihr gebrochen.« (Mt 5,28). In der damaligen Zeit war diese Aussage von großer Tragweite, denn immerhin war Ehebruch keine Lappalie, sondern wurde mit der Todesstrafe durch Steinigung geahndet.

In seiner leidenschaftlichen Predigt geht Jesu sogar noch ein Stück weiter und empfiehlt im nächsten Atemzug, sich das rechte Auge auszureißen oder die rechte Hand abzuschlagen, falls Hand oder Auge zu sexuellem Vergehen – so zumindest die gängige Interpretation – verführen (Mt 5,29–30). Sexualität wird also als etwas Brandgefährliches dargestellt. Und tatsächlich sollten Texte wie diese für Jahrhunderte eine verheerende Wirkungsgeschichte entfalten – insbesondere was die soziale Stellung der Frau betrifft. Die Tatsache, dass es als moralisch verwerflich galt, die Frau mit einem begehrlichen Blick anzusehen, wurde nämlich gerade nicht als Aufforderung dazu interpretiert, Frauen – wie es vermutlich Jesu Anliegen war – vor solchen Blicken und vor möglichen unsittlichen Handlungen des Mannes zu schützen. Vielmehr wurde die Frau zur ständig lauernden sexuellen Gefahr stigmatisiert, die umso bedrohlicher erscheinen musste, als dem »armen« Mann im christlichen Kontext zwar nicht mehr die Steinigung als Strafe erwartete, wohl aber ewige Höllenqualen.

Zur Aufgabe des Vaters bzw. des Ehemanns wurde es damit, Töchter und Ehefrauen möglichst vor der Öffentlichkeit zu verbergen. Im Zweifelsfall war man aber stets bereit, die Schuld auf die Frauen zu schieben. Wann immer ein Mann ein sexuelles Vergehen verübte, war es quasi selbstverständlich, dass die Provokation von der Frau bzw. ihrer von Haus aus verdorbenen Natur ausging, die den Mann zu einem bedauernswerten Opfer ihrer Verführung und seiner Triebe gemacht hatte. Dieser fatalen Umkehr der Täter-Opfer-Rollen begegnen wir bis heute, wenn etwa – meist ohne viel nachzudenken – gesagt wird, dass sich Frauen nicht aufreizend kleiden sollten, wenn sie nicht vergewaltigt werden wollen.

Doch zurück in die Zeit des Neuen Testaments: Einer, der klar in der jüdischen Tradition stand und für eine strenge Sexualmoral eintrat, war Paulus. In seinem ersten Brief an die Gemeinde von Thessaloniki mahnt er die Männer, den eigenen Penis (1Thess 4,4: *skeûos*) in Schach zu halten, damit dem Bruder kein Schaden entstehe. Wie unschwer zu sehen, geht es in diesem Text um Ehebruch, der ganz in der Tradition der jüdischen Auslegung als Vergehen gegen die Sippe des rechtmäßigen Ehemannes verurteilt wird. Sex, der nicht im Kontext der Ehe gelebt wird, kommt weder in der jesuanischen Lehre noch in der neutestamentlichen Briefliteratur zur Sprache. Während Geschlechtsverkehr mit einer fremden Frau für Jesus immer einem Ehebruch gleichkommt (Mk 10,10–12) und er damit die Vorschriften der Torah noch verschärft, befasst sich Paulus nicht so sehr mit grundsätzlichen, sondern eher mit pragmatischen Überlegungen. Seine Briefe sind Gelegenheitsschriften, in denen er die konkreten Probleme in den von ihm gegründeten Gemeinden zu lösen versucht. Dass er für immer gültige Regeln aufstellen oder sogar die Grundlage für spätere theologische Reflexionen liefern wollte, ist eher unwahrscheinlich.

Die meisten Gedanken zum Thema Sex finden sich in seinen Briefen an die Bewohner der Hafenstadt Korinth. Die Stadt ist ein wichtiger wirtschaftlicher Umschlagsplatz der antiken Welt und wie in allen Hafenstädten herrscht ein reges Treiben. Menschen verschiedener Kulturen treffen hier aufeinander. Die dort zu Beginn der 50er-Jahre des ersten Jahrhunderts gegründete christliche Gemeinde hatte schon bald mit großen Problemen zu kämpfen. Paulus, der von den Streitigkeiten erfahren hatte, schickte daher von Ephesus aus mehrere Briefe, die bis heute – zusammengefasst in zwei »Sammelbriefen« – erhalten geblieben sind. Neben vielen anderen Aspekten geht es darin auch um das Sexualleben der Menschen von Korinth. Konkret verbietet Paulus – getreu der Vorschrift aus Lev 18,8 – die sexuelle Beziehung von einem Christen mit seiner Stiefmutter (1Kor 5,1–13) [→ Kap. 3], außerdem den Geschlechtsverkehr mit Prostituierten sowie Unzucht im Allgemeinen (1Kor 6,12–20).

Überhaupt scheint Paulus ein Leben ohne Sex für die ideale Lösung zu halten. So schreibt er am Beginn des 7. Kapitels der ersten Briefsammlung, dass es für den Mann das Beste sei, wenn er sich niemals dazu hinreißen ließe, mit einer Frau intim zu verkehren. Das griechische Wort *haptesthai*, das gerne mit »berühren« wiedergegeben wird, hat eine deutlich sexuelle Konnotation und wird häufig im Zusammenhang mit Geschlechtsverkehr verwendet. Kurz danach unterstreicht Paulus seine Aussage, wenn er schreibt, dass es besser wäre, wenn alle Gläubigen unverheiratet wären (1Kor 7,7).

Innerhalb der Ehe aber will Paulus den Sex nicht verbieten. Vielmehr ermahnt er diejenigen, die am liebsten ganz keusch gelebt hätten, ihren ehelichen Pflichten nachzugehen, wobei er aber möglicherweise nicht an eine körperlich wie emotional beglückende Liebesbeziehung gedacht haben dürfte. Wer nämlich keinen regelmäßigen Geschlechtsverkehr hat, so seine Befürchtung, dessen Begierde brenne umso schlimmer. Ein nicht uninteressantes Argument, das Augustinus übrigens ein paar Jahrhunderte später wieder aufgreifen wird, um die Prostitution zu rechtfertigen [→ Kap. 4]. Der Sex in der Ehe jedenfalls soll nach Paulus einvernehmlich geschehen (1Kor7,5) und im Idealfall auf gegenseitiger Liebe beruhen, welche dann in der körperlichen Vereinigung ihren Ausdruck findet (1Kor7, 33–34). Zwar betont er, dass er keine allgemein gültigen Regeln aufstellen möchte, im gleichen Atemzug aber erklärt er die eigene Abstinenz für eine Gottesgabe und empfiehlt diesen Lebensstil allen Unverheirateten sowie denen, die nicht mehr verheiratet sind. »Wenn sie sich nicht enthalten [können] …«, so Paulus wörtlich, »… sollen sie heiraten.« (1Kor 7,9). Interessanterweise argumentiert Paulus nicht, dass die Fortpflanzung das eigentliche Ziel des Geschlechtsverkehrs sein müsse, wie es viele Philosophen seiner Zeit und auch die frühen Kirchenväter mit Rückgriff auf Gottes erstes Gebot tun. Im weiteren Textverlauf plädiert er für einen möglichen Sexverzicht auch in der Ehe (1Kor 7,25–35): Sex in der Ehe sei zwar keine Sünde, aber auch nicht unproblematisch. Denn die geschlechtliche Lust laufe immer Gefahr, der vollkommenen Zuwendung zu Christus im Wege zu stehen. Was Paulus stattdessen empfiehlt, ist die sogenannte »Josefsehe«, also die Heirat mit einer Jungfrau, die der Ehemann im weiteren Verlauf der Ehe nicht antasten wird. Dabei setzt er wohl voraus, dass im Himmelreich weder die Ehe noch der Sex irgendeine Bedeutung haben werden. Vielmehr sind Ehe und Sex Bestandteile der unvollkommenen irdischen Realität. In Gottes neuer Ordnung dagegen wird für das eine wie für das andere kein Platz mehr sein. Es erscheint Paulus daher letztlich besser, bereits jetzt so zu leben, wie man in der kommenden vollkommenen Welt leben wird. Damit aber hat sich in der christlichen Bibel eine eklatante Wende vollzogen, nämlich von dem ursprünglich lebens- und durchaus auch sexfreundlichen göttlichen Befehl »Mehret euch!« zum sex- wie lebensfeindlichen kirchlichen Gebot der Enthaltsamkeit. Eine sehr spannende Angelegenheit, die bis heute in der Kirche noch nicht wirklich gelöst ist.

EIGENTLICH WOLLTE ICH EINEN RUHIGEN TAG VERBRINGEN NACH DEM GANZEN TRUBEL DER LETZTEN ZEIT…
SEHR GERNE!
OK, DANN BIS MORGEN!

14. Himmlischer Sex

»Wenn sie nämlich von den Toten auferstehen, heiraten sie nicht, noch werden sie verheiratet, sondern sind wie die Engel im Himmel« (Mk 12,25), so die vermeintlich alles klärende Antwort Jesu auf eine Fangfrage der Sadduzäer nach der Sexualität im Himmel. Als im 7. Jh. viele christliche Länder von todesmutigen muslimischen Kriegern erobert wurden, suchten die Gelehrten der Zeit nach den Ursachen für ihre scheinbare Gleichgültigkeit dem Tod gegenüber. Die Antwort ließ sich rasch finden. In den Paradiesvorstellungen des Islams wartet auf mutige Krieger eine attraktive Belohnung: Sex so viel das Herz begehrt. Klar, dass von dem Moment an auch die christliche Theologie nachrüsten musste.

Wer in der Bibel eine Beschreibung vom Leben nach dem Tod erwartet, wird enttäuscht. Im Alten Testament erfahren wir so gut wie gar nichts darüber und im Neuen Testament wird lediglich erzählt, dass Jesus stirbt, drei Tage lang tot im Grab liegt und dann wieder zum Leben erweckt wird. Nach seiner Auferstehung hat er einen Körper, der dem alten zwar optisch ähnelt, aber wohl nicht mehr ganz derselbe ist. Jesus kann nun beispielsweise durch geschlossene Türen gehen, sich sehr schnell bewegen und sogar gleichzeitig an mehreren Orten sein. Trotzdem ist der auferstandene Körper real; man kann ihn berühren. Und obwohl der neue Körper keine Nahrung benötigt, kann der auferstandene Jesus essen und trinken. Ob der menschliche Körper nach der Auferstehung aber auch andere Funktionen beibehält, zum Beispiel die Befähigung zum Geschlechtsverkehr, wird im Neuen Testament nicht explizit thematisiert.

Will man genauer erfahren, wie es mit dem Sex nach dem Tod weitergeht, sollte man sich eher den Koran, die Heilige Schrift des Islams, ansehen oder auch die sogenannten *Hadithe*, in denen weitere gesicherte Überlieferungen zum Leben des Mohammed gesammelt sind. Zwar gibt es auch im Koran keine durchgehenden systematischen Beschreibungen vom Paradies, das im Islam *Dschanna* genannt wird, aber zumindest deutlich mehr Informationen als in der Bibel. In der 44. Sure beispielsweise wird das Paradies der Sinne beschrieben. Der Text selbst gibt nicht viel preis, doch mithilfe von Kommentaren muslimischer Gelehrter werden die Vorstellungen um einiges präziser: Während die Frauen im Paradies einen einzigen, nicht näher beschriebenen Mann erhalten und sich mit diesem zufriedengeben müssen, ist die Aussicht für Männer deutlich vielversprechender. Sie bekommen, sofern sie im Leben gute Gläubige gewesen sind, Jungfrauen zur Verfügung gestellt, mit denen sie sich vergnügen können (Sure 52,17–24; 56,23). Diese haben liebevolle Augen, ihre Brüste sind groß und wohlgeformt wie Pfirsiche. In Sure 78,33 – und vor allem in den Kommentaren dazu – erfährt man mehr über das ewige Leben mit den Beauties. Die Jungfrauen sind voller Hingabe für ihre Männer und lassen auch optisch nichts zu wünschen übrig, denn – so zumindest nach dem Gros der muslimischen Gelehrten – ihre Brüste werden nie hängen. Dem nicht genug: Sie haben – und nun ist es nicht mehr jugendfrei – eine immer erregte Vagina, die stets zum Geschlechtsverkehr bereit ist. Trotzdem sind sie keusch und entzücken mit ihren zurückhaltenden, bescheidenen Blicken. Besonders praktisch für ein erfülltes Sexualleben im Paradies ist, dass die Jungfrauen keine Menstruation haben, niemals zur Toilette müssen und auch keine kleinen nervigen Kinder um sich scharen, die beim Sex stören würden. Um all dies wirklich in vollen Zügen auskosten zu können, braucht es aber auch beim Mann bestimmte Voraussetzungen: eine ewige Erektion, gewaltig wie von hundert Männern. So erklärt es die *Sunan Ibn Majah*, eine Sammlung zuverlässiger, authentischer Hadithe. Die gleiche Tradition gibt übrigens auch die exakte Anzahl der Jungfrauen an, die dem Gerechten zuteilwerden. Es sind 72! Allerdings bleibt unklar, ob alle gläubigen Männer sich über 72 Jungfrauen freuen dürfen oder nur diejenigen, die als Märtyrer starben.

Das christliche Paradies kann mit derartigen Vorstellungen nicht mithalten und macht im Vergleich mit der islamischen

Dschanna einen deutlich langweiligeren Eindruck. Statt attraktiver, hingebungsvoller Jungfrauen winkt die »*visio beatifica*«, die »selige Betrachtung« Gottes. Sex spielt nur auf dem Weg zum Paradies eine Rolle, allerdings eine negative, denn grundsätzlich als Sünde gebrandmarkt, gilt er als einer der Hauptgründe dafür, dass man das Paradies verfehlt und stattdessen in der Hölle landet.

Wer sich aber dem lustvollen Liebesleben enthalten hat, der wird im Paradies in einer Art spirituellen Sphäre schweben, in der – folgt man Augustinus, einem der größten christlichen Gelehrten der frühen Kirche – weder Leidenschaft noch Lust oder Begierde Platz haben. Der weibliche Körper wird dem Mann nicht mehr zur Verfügung stehen, was aber auch niemanden zu stören braucht, denn die Gläubigen werden in der Gegenwart Gottes ganz und gar glückselig sein. Augustinus gibt noch eine weitere Erklärung: Der menschliche Körper ist zeitlich begrenzt. Da die Ewigkeit weder Anfang noch Ende, also eigentlich gar keine Zeit kennt, kann es im Paradies keine Körper geben. Ohne Körper aber sind Sinnlichkeit, Lust und Sex nur schwer vorstellbar. Das macht aber nichts, denn die Nähe Gottes füllt den Menschen im Paradies völlig aus, sodass der Geschlechtsverkehr nicht nur nebensächlich, sondern völlig überflüssig wird.

In seiner Argumentation bezieht sich Augustinus auf eine der wenigen einschlägigen Aussagen im Neuen Testament: Im Brief an die Korinther erklärt der Apostel Paulus, dass die Toten mit einem geistigen Körper auferstehen werden (1Kor 15,42–44). Und da geistiger Sex irgendwie schwer vorstellbar bzw. auch nicht besonders attraktiv erscheinen mag, waren Augustinus und die Theologen seiner Zeit der Ansicht, dass man darauf auch gleich verzichten könne.

Anders sah es im ausgehenden 7. Jh. aus. Hier wurde die Debatte erneut aufgenommen und um einige weitere Detailfragen ergänzt. So wollte man zum Beispiel wissen, was im ewigen Leben mit den Geschlechtsorganen geschehen würde. Denn immerhin war der von Gott geschaffene Körper etwas Gutes und musste daher als Ganzer, mit all seinen Bestandteilen, erhalten bleiben. Die Diskussionsgrundlage zu diesem Thema stellte sich für die christlichen Theologen jedoch dürftiger dar als im Fall ihrer muslimischen Kollegen. Eine zentrale Rolle spielt der Geschlechtsverkehr nach der Auferstehung eigentlich nur in einer einzigen Auseinandersetzung zwischen Jesus und den Sadduzäern. Sie stellen ihm eine Fangfrage und wollen wissen, mit wem eine siebenmal verwitwete Frau nach der Auferstehung Sex haben dürfte bzw. würde. Die Frage, die im Markusevangelium (Mk 12,18–27), mit minimalen Änderungen auch im Matthäusevangelium (22,23–33) und selbst im Lukasevangelium (Lk 20,27–40) überliefert ist, ist wohl eher höhnisch gemeint, denn bei den Sadduzäern handelte es sich um eine Gruppierung, die nicht an die Auferstehung glaubte. Die Antwort Jesu, im Himmel werde man nicht mehr heiraten, sondern wie Engel leben, wirkt wiederum auf die moderne Leserschaft ein wenig rätselhaft, zumal wir auch nicht mehr nachvollziehen können, wie sich Jesus das Leben der Engel vorgestellt hat. Zu seiner Zeit gab es nämlich sehr unterschiedliche Meinungen dazu. Eine Möglichkeit besteht darin, den Verweis auf die Engel dahingehend zu deuten, dass die Auferstandenen kein Interesse an Essen, Trinken und Geschlechtsverkehr haben würden, wie man es von engelhaften, asexuellen Wesen annahm. Wie genau Jesus es meinte, weiß aber heute niemand mehr.

An einer anderen Stelle spricht Jesus davon, dass sich manche Menschen bereits in dieser Welt auf ihr Dasein im Himmelreich vorbereiten, indem sie als Eunuchen, also als Männer ohne Geschlechtsteile, leben (Mt 19,12). Diese Passage aus dem Matthäusevangelium führte in der Folge dazu, dass nicht wenige tiefgläubige Christen der ersten Jahrhunderte sich selbst einer Kastration unterzogen und sich ihre Hoden und manchmal auch das Glied abschnitten. Sie wollten auf diese Weise den Zustand des Himmelreichs vorwegnehmen. Der berühmteste von ihnen dürfte Origenes, der wohl größte Kirchengelehrte der ersten drei Jahrhunderte, gewesen sein. Verschiedenen Quellen nach führte er den Eingriff bei sich selbst durch, wenngleich er in seinen Schriften nie dazu Stellung genommen hat. Da aber 325 im ersten Konzil von Nicäa beschlossen wurde, dass eine Selbstkastrierung die Weihe zum Priester nichtig mache, wurde die Gestalt des Origenes, der damals bereits seit 100 Jahren tot war, posthum stark hinterfragt. Für eine richtige Verurteilung als Ketzer musste er allerdings bis zum Konzil von Konstantinopel im Jahr 553 warten. Die Stelle des Matthäusevangeliums erweist sich auch als problematisch, wenn man Schlussfolgerungen in Bezug auf den »himmlischen Sex« ziehen möchte, denn Eunuchen können zwar in der Regel den Geschlechtsakt nicht (mehr) ausführen, sexuell aktiv sind sie möglicherweise aber trotzdem.

Auf der Suche nach Antworten muss man also nach weiteren Stellen Ausschau halten. Eine solche findet sich in der

Offenbarung, der letzten Schrift der Bibel. Hier wird eine Vision beschrieben, in der von 144 000 Menschen berichtet wird, die sich nicht mit Frauen verunreinigt hätten (Offb 14,4), wobei hier natürlich eine kultische Unreinheit gemeint ist. Da unmittelbar darauf gesagt wird, dass alle jungfräulich seien, erschließt sich die Bedeutung der kryptischen Formulierung recht einfach: 144 000 weiß gekleidete Männer, die nun offensichtlich im Himmel weilen, hatten schlicht und ergreifend keinen Sex, zumindest nicht mit Frauen. Das ist aber auch schon alles.

Alles in allem bietet die Bibel also nur wenige Anhaltspunkte für theologische Überlegungen zum Sex im Paradies. Und so blieb den frühen Gelehrten nichts anderes übrig, als die eigene Fantasie spielen zu lassen. Ein wichtiger Ideengeber war hier einmal mehr der heilige Augustinus, seines Zeichens Bischof von Hippo. In seinem Hauptwerk *Die Stadt Gottes* beschreibt er den »normalen« Geschlechtsakt als eine Art Krampf, einem epileptischen Anfall ähnlich, bei dem der ganze Körper von fürchterlichen Zuckungen geschüttelt wird, bis der Mann schließlich mit dem Orgasmus vollständig die Kontrolle über sich selbst verliert. Weiter schreibt Augustinus, dass der Sex zwischen Adam und Eva ganz anders gewesen sei. Mit Eva zu schlafen oder ein Feld mit Saatgut zu bestellen – so der etwas gewagte Vergleich –, seien für Adam ähnlich rationale Tätigkeiten gewesen. Er habe daher auch keinen Kontrollverlust erlitten. Die Erektion seines Gliedes, die Augustinus ansonsten als Zeichen der überheblichen Revolte des Menschen gegen Gott deutet, war gewollt und zielgerichtet. Adams Sex war daher gänzlich frei von Lust, womöglich ein wenig anstrengend, wie auch die

Feldarbeit, aber effektiv. Im Himmel würde sich die Lage ähnlich darstellen.

Thomas von Aquin schien diese These gefallen zu haben, denn er übernahm sie im Wesentlichen und fügte noch hinzu, dass der Sex zwischen Adam und Eva vor dem Sündenfall vergnüglicher und intensiver gewesen sei als nach dem fatalen Biss in die verbotene Frucht. Damit bringt er einen ganz neuen Gedanken in die theologische Debatte der damaligen Zeit. Viele seiner Kollegen waren nämlich der Meinung, dass Adam und Eva ihre Sexualität erst nach dem Sündenfall entdeckt hätten, ja, dass diese Entdeckung sogar die schlimmste Folge der Ursünde gewesen sei. Für Thomas dagegen ist klar, dass es zwischen den beiden schon vor dem Sündenfall zum Geschlechtsverkehr gekommen ist, wobei dieser von der Vernunft geleitet gewesen sei. Mehr noch: Der Höhepunkt dieser rationalen sexuellen Befriedigung sei für das erste Menschheitspaar ungemein größer gewesen als in der Zeit danach, als Gott sie aus dem Garten Eden vertrieben hatte.

Im Himmel verhält es sich, folgt man Thomas von Aquin, allerdings ganz anders: Richtigen Sex gibt es nicht. Die Geschlechtsorgane von Mann und Frau existieren zwar weiterhin, denn der menschliche Körper ist von Gott geschaffen und darf nicht verändert werden. Da es im Paradies aber keine Fortpflanzung braucht, werden die Geschlechtsorgane sozusagen deaktiviert. Mann und Frau werden in der Folge nicht mehr die animalischen Triebe verspüren, die sie in ihrem irdischen Leben zum Geschlechtsverkehr verleitet haben. Die Geschlechtsorgane verursachen folglich ein dauerhaftes Lustgefühl, aber keinen Orgasmus mehr. Im verklärten Körper der auferstandenen

Menschen bestehen sie in ihrer ursprünglichen und unverbrauchten Herrlichkeit.

Damit zeigt sich eine Parallele zu den islamischen Jenseitsvorstellungen. Auch dort erreichen die Geschlechtsorgane, wie wir gesehen haben, das höchste Maß an Perfektion. Im Islam dient die Perfektion der häufigen und freudvollen Nutzung, im Christentum dagegen ist sie zwar da, fällt hinter der seligmachenden Schau Gottes aber so weit zurück, dass sie letztlich keine Rolle mehr spielt. Während sich der muslimische Mann also auf seine Jungfrauen freuen darf, sollten Christen sich vom Jenseits besser keine heißen Liebesnächte erwarten.

Sex in der Bibel ...
gar nicht mal so schlecht

Die Sexualität, das zeigen die unterschiedlichen biblischen Erzählungen, gehört ganz wesentlich zum Mensch-Sein in der Bibel dazu. Sie wird nicht ausgeklammert und sie ist auch nicht, wie jahrhundertelang von den Kirchenkanzeln gepredigt wurde und selbst heute noch gelegentlich wird, eine Folge des Sündenfalls, sondern sie ist explizit von Gott gewollt und in der ursprünglich guten Schöpfung grundgelegt. Besonders im Alten Testament finden sich eine Vielzahl von wertschätzenden Aussagen zur Sexualität.

Sex ist aber nicht nur eine positive Kraft, er kann auch immensen Schaden anrichten und Menschen verletzen. Daher ist die alttestamentliche Gesetzgebung bemüht, sexuelle Beziehungen so zu regeln, dass keiner der Beteiligten körperlichen oder seelischen Schaden nimmt. Außerdem darf das soziale Gefüge nicht ge- bzw. zerstört werden und das ist in der damaligen Zeit eindeutig patriarchalisch geprägt. Da solche Regelungen damals wie heute aber nur bedingt Erfolg hatten bzw. haben, werden wir auch mit unschönen Episoden konfrontiert, in denen Sex als Mittel zur Macht, zur Unterdrückung und zur Erniedrigung eines anderen Menschen – meist einer Frau – eingesetzt wird. Diese Begebenheiten werden zwar nie positiv bewertet, allerdings auch nicht so scharf verurteilt, wie wir es uns mit unserem von Gleichberechtigung und Selbstbestimmung geprägten Rechtsempfinden wünschen würden. Dennoch tragen sie dazu bei, die Glaubwürdigkeit und die Lebensnähe der biblischen Texte zu untermauern. Egal wie brutal oder abartig sexuelle Verfehlungen auch sein mochten, sie wurden nicht einfach verschwiegen, gleichgültig, ob das ganze Volk, ein König oder nur einzelne, einfache Menschen beteiligt waren.

Die biblische Tradition versucht das Sexualleben aber nicht nur zu regulieren, um Auswüchsen und Missbrauch entgegenzuwirken, sondern auch, um die Stabilität der Familie als kleinste Zelle der Gemeinschaft und des Glaubens zu stärken. Wie in der damaligen Zeit nicht anders zu erwarten, kennt die Bibel lediglich die Ehe zwischen einem Mann und einer oder mehreren Frauen. Gleichgeschlechtliche Ehen oder stabile

Liebesbeziehungen zwischen zwei Männern bzw. zwei Frauen, wie sie heute selbstverständlich eine – im Vergleich zu heterosexuellen Lebensgemeinschaften – gleichwertige Berechtigung in der Gesellschaft haben sollten, kommen in den alten Texten nicht vor. Sehr wohl aber erzählen diese von homosexueller Liebe und zwar ohne die negative Beurteilung, welche die spätere christliche Auslegung mit sich gebracht hat, sondern ganz im Gegenteil mit einem wertschätzenden Blick. Auch Fragen nach Gender, Frauenrechten oder der Rolle der Frau in einer sexuellen Beziehung werden grundsätzlich nicht so gestellt, wie wir sie heute, Jahrtausende später, stellen. Dennoch bringen Erzählungen wie die von Rut oder die Legende der Lilith unverkennbar und selbstbewusst auch eine emanzipierte weibliche Perspektive ins Spiel.

Die verschiedenen Stimmen, Bilder und Meinungen zum Sex und zur Sexualität, wie wir sie in der Bibel finden, sind dabei vor allem eines: Eine Einladung, sich mit dem biblischen Text immer wieder aufs Neue unvoreingenommen auseinanderzusetzen. Wer das tut, dem offenbart sich die Bibel als ein Werk, das vom menschlichen Leben mit all seinen Höhen und Tiefen handelt, das Geschichten von diesen Menschen und ihrem Gott erzählt und Hinweise gibt, wie die Begegnung zwischen Mensch und Gott gelingen kann. Die Sexualität der menschlichen Protagonisten gehört dabei selbstverständlich dazu.

HEUTE NACHT WERDE ICH DIR DIE HÖCHSTEN GLÜCKSGEFÜHLE BEREITEN
SUPER! BLAS' DIE KERZEN AUS UND VERSUCH' NICHT ZU SCHNARCHEN

Literaturhinweise

In diesem Buch wurde bewusst auf Fußnoten und Literaturangaben im Text verzichtet, um eine bessere Lesbarkeit zu gewährleisten. Inhaltlich greifen die besprochenen Themen auf eine Vielzahl wissenschaftlicher Studien und Aufsätze zurück. Ich möchte es wagen und eine kurze Auswahl mit einschlägigen Titeln zur Thematik zur Verfügung stellen, die auf Deutsch aufzufinden sind. Dazu gehören auch die einschlägigen Eintragungen des online-wissenschaftlichen Bibellexikons www.wibilex.de.

R. Bartelmus, Das Hohelied – erotische Literatur in der Bibel?: Philologische (Vor-)Überlegungen zu einer alttestamentlichen Theologie der Sexualität, ergänzt um einen Seitenblick in die Rezeptionsgeschichte, Münster: LIT Verlag 2020.

U. Bork, Muss denn Liebe Sünde sein? Liebe, Lust und Leidenschaft in den großen Weltreligionen, Gütersloh: Gütersloher Verlagshaus 2005.

M. Brinkschröder, Sodom als Symptom: Gleichgeschlechtliche Sexualität im christlichen

Imaginären. Eine religionsgeschichtliche Anamnese, Berlin: de Gruyter 2006.
H. Haag u. a. (Hg.), Schön bist du und verlockend. Große Paare der Bibel, Freiburg: Herder 2001.
V. Haas, Babylonischer Liebesgarten. Erotik und Sexualität im Alten Orient, München: C. H. Beck 1999.
F. Kleinschmidt, Ehefragen im Neuen Testament, Frankfurt: Peter Lang 1988.
G. Magirius, ...denn die Liebe ist von Gott: Liebes-Geschichten aus der Bibel, Leipzig: Evangelische Verlagsanstalt 2005.
C. Raedel (Hg.), Das Leben der Geschlechter: Zwischen Gottesgabe und menschlicher Gestaltung, Münster: LIT Verlag 2017.
S. Schroer/T. Staubli, T., Die Körpersymbolik der Bibel, Darmstadt: Wissenschaftliche Buchgesellschaft 1998.
H. Schwarz, Die Bibel und der Sexus. Der Kampf der Geschlechter, Neukirchen-Vluyn: Neukirchener 2006.
P. Trible, Gott und Sexualität im Alten Testament, Gütersloh: Gütersloher Verlagshaus 1993.
P. Trible, Mein Gott, warum hast du mich vergessen! Frauenschicksale im Alten Testament, Gütersloh: Gütersloher Verlagshaus 1990.
A. Wucherpfennig, Sexualität bei Paulus, Freiburg: Herder 2020.
R. Zimmermann, Geschlechtermetaphorik und Gottesverhältnis, Tübingen: Mohr Siebeck 2001.

Der Autor

© privat

Simone Paganini, geb. 1972 in Italien. Nach Stationen in Florenz, Rom, Innsbruck, Wien und München ist er derzeit Professor für Biblische Theologie an der RWTH-Aachen. Er ist Autor zahlreicher wissenschaftlicher und populärwissenschaftlicher Bücher, unter anderem über Qumran und Fake News in der Bibel. Auch auf Science Slams begeistert er ein großes Publikum.

Die Zeichnerin

© privat

Esther Lanfermann, geb. 1996 in Würselen. Sie hat gerade an der RWTH-Aachen ihre Ausbildung beendet, um Englisch- und Religionslehrerin zu werden. Sie ist in ihrer Freizeit passionierte Zeichnerin und hat in Zusammenarbeit mit Simone Paganini bereits einige Bücher illustriert.